Mathis Christian Holzbach

Die großen Seher und Propheten

Meinem Vater und Mitbesitzer unserer gut sortierten Privatbibliothek!

Mathis Christian Holzbach

Die großen Seher und Propheten

marixverlag

Bibliografische Information der Deutschen Nationalbibliothek
Die Deutsche Nationalbibliothek verzeichnet diese Publikation in der Deutschen Nationalbibliografie; detaillierte bibliografische Daten sind im Internet über
http://dnb.d-nb.de abrufbar.

Lektorat: Kai Große Dreimann, Bochum
Covergestaltung: Nicole Ehlers, marixverlag GmbH
nach der Gestaltung von Thomas Jarzina, Köln
Bildnachweis: Artothek, Weilheim
Satz und Bearbeitung: C&H Typo-Grafik, Miesbach
Gesetzt in der Palatino Linotype
Gesamtherstellung: CPI books GmbH, Ulm
Printed in Germany

ISBN: 978-3-86539-974-8

www.marixverlag.de

Ich möchte mich herzlich bedanken bei Prof. Dr. Linus Hauser (Justus-Liebig-Universität Gießen) und Frau Miriam Zöller (marixverlag). Ohne sie wäre dieses Buchprojekt wohl nicht zustande gekommen.

Besonders bedanken möchte ich mich bei Herrn Björn Bosserhoff, M.A. und bei Herrn Kai Große Dreimann. Sie haben mir beim Korrekturlesen sehr geholfen. Für hilfreiche Gespräche und Hinweise bin ich Herrn Prof. Dr. Christoph Kugelmeier (Universität Saarbrücken) ebenfalls überaus dankbar.

Inhalt

Prophet und Seher: eine kurze Begriffsbestimmung

Ist das Schicksal berechenbar? Diese Frage hat die Menschheit seit jeher beschäftigt und das Denken maßgeblich beeinflusst. Von der Antike bis zur Gegenwart gab es in allen Kulturkreisen viele Zukunftsdeuter, welche die Bestimmung des Unbestimmten, der Zukunft, versprachen und den Menschen durch ihr oft charismatisches Auftreten in Krisenzeiten einen Halt gaben. Obwohl schon im antiken Sprachgebrauch zwischen dem Propheten (προφήτης = Verkünder) und dem Seher (μάντις) scheinbar nicht unterschieden wurde, sollte man doch eine vermutlich unbewusste feine Unterscheidung wahrnehmen: In der ursprünglich-heidnischen Bedeutung verstand man unter einem Propheten nämlich gar nicht einen Vorboten für ein zukünftiges Schicksal; obwohl man die Propheten auch oft in Verbindung mit Orakeln gebracht hat, waren sie Vermittler zwischen den Göttern und den Menschen.[1] Diejenigen, die die Zukunft verkündeten, waren die Seher, die als Medien galten und in Verbindung mit Orakelstätten standen (wie z.B. die Pythia in Delphi), oder aber „selbstständige" Zukunftsseher (wie z.B. Teiresias). Hierbei wurden die Begriffe χρησμολόγος („Wahrsager") und auch μάντις („Verzückter", Gottbegeisteter") verwendet. Aufschlussreich ist eine bestimmte Stelle bei Platon, in der dem Propheten eine gehobenere Stellung eingeräumt wird:

> Wenn du willst, wollen wir uns darauf einigen, dass die Wahrsagekunst die Wissenschaft vom Zukünftigen ist und dass die Besonnenheit sie leiten soll, um die Großsprecher abzuwehren, diejenigen aber, die wahrhaftig wahrsagen, uns als Verkünder (= Prophet) des Zukünftigen einzusetzen.
>
> (Plat. Charm. 173c)

[1] Vgl. Pötscher 1979, 1183f.; Kern 1963, II 112f.

In den jüdischen biblischen Büchern nahm der Prophet als Verkünder des göttlichen Willens eine persönliche Beziehung zu seiner Weissagung ein. Er wird direkt von Gott berufen (vgl. Phil. Mos. 277[1]). Diese Bedeutung übernahmen die Christen (Mt 11,9; Lk 1,76), welche die biblischen Propheten als Künder der Messiaserwartung auffassten, die sich in Jesus Christus erfüllte.

Um die wahre Bedeutung der Königsherrschaft Gottes vor Augen zu führen, verfolgt der Autor des Lukasevangeliums das Anliegen, die Freudenbotschaft durch Jesus Christus nicht als Prophezeiung machtpolitischer Hoffnungen erscheinen zu lassen. Jesus ist nicht Heilsverkünder, ein von Gott berufener Prophet, sondern Heilsvermittler, sowohl „nach dem Zeugnis seiner eigenen Verkündigung als auch seiner Anhängerschaft in der nachösterlichen Erfahrung."[2]

In der Katholischen Kirche kam es auf dem II. Vatikanischen Konzil zu einem neuen Prophetenverständnis. Nach dem Konzilsdokument *Lumen Gentium* vom 21. November 1964 und dem Apostolischen Mahnschreiben Papst Johannes Pauls II., *Christifideles laici*, werden erstmals die Laien in das Prophetenamt mit eingebunden, um den göttlichen Willen besonders bezüglich der aktuellen Fragen in der Nachfolge Jesu Christi mit zu erkunden. Denn „die christgläubigen Laien werden auf ihre Weise des dreifachen Amtes Jesu Christi, des priesterlichen, prophetischen und königlichen, teilhaftig" (Lumen Gentium 35).[3]

Jede Epoche hat ihren Zeitgeist, ihr Weltbild – und ihre Zukunftskünder, die für die Geschichtsbetrachtung noch heute von Bedeutung sind und nach wie vor auf lebhaftes

---

1 „[D]a geriet er sofort in Verzückung, ein prophetischer Geist kam über ihn, der seine ganze künstlich geregelte Seherkunst ihm aus dem Bereiche der Seele vertrieb; denn magische Zauberei durfte mit hochheiliger Verzückung nicht zusammenwohnen. Darauf kehrte er zurück, und als er die Opfer und die brennenden Altäre sah, sprach er wie ein Dolmetsch".

2 Gottlieb 1991, 30.

3 Denzinger 2001, 1172ff.

Interesse stoßen. Jedoch hat es sich gezeigt, dass das antike und biblische Weissagungsverständnis seinen Einfluss beibehalten konnte und das gesellschaftliche Leben weiterhin bestimmt – bis heute.

Von Kassandra, deren Rufe ungehört verhallen, über Merlin, der die Johanna als Retterin Frankreichs vorausgesagt haben soll, bis zu dem Naturforscher und Mystiker Emanuel Swedenborg, der eigenwillige Visionen vom Jenseits hatte, widmet sich dieses Buch der Beschreibung jener Propheten und Seher in Bezug zur jeweiligen historischen Epoche.

1. Griechische und Römische Seher

Das Unterfangen, den göttlichen Willen ermessen zu wollen, gehört seit jeher zum Bedürfnis, die bestehende Lebensqualität halten zu können (vgl. Cic. div. 1, 2ff.). Während das von dem Menschen ausgehende Schicksal berechenbar ist, ist die überirdische Vorherbestimmung, die den menschlichen Willen im Glauben an die Wahrsagekunst nachhaltig beeinflusst, vom Menschen selbst zu erwägen. Ausgänge von Kriegen, das Wohl des Staates sowie des Einzelnen im positiven wie negativen Sinne, stehen schon seit jeher im Interesse des Menschen. Denn das Leben ist veränderlich, da das Glück sich rasch zu wechseln pflegt, wie der Dichter Plautus in seinem Schauspiel *Truculentus* schrieb (Plaut. Truc. 219). Und auch Cicero stellte fest, dass Glück und Unglück nicht in einer bestimmten Menschenführung ihre Ursachen hätten (Cic. nat. 3,89). Jedoch bemerkte er auch zugleich spöttisch, dass wohl die Vögel nur des Vogeldeutens da wären (Cic.

nat. 2,54) und sieht auch überhaupt keinen Nutzen darin, das Zukünftige zu wissen (Cic. nat. 3,6). Damit rückt Cicero ins Bewusstsein, dass die Techniken des Wahrsagens auf menschliche Erfindungen zurückgehen und nur in ihrer Annahme existieren, über das bevorstehende Schicksal Auskunft zu geben.

Die Zukunftsdeutung in dieser Epoche ist mit dem antiken Weltbild verknüpft zu sehen. Dämonen gehören zu den Unheilsverursachern. Sie treten in der Vorstellung der Griechen als Zeichen übermenschlicher Macht in Erscheinung, insbesondere in ihrer Philosophie, nicht als ein Gegensatz göttlicher Macht; vielmehr wird unter dem Wort δαίμων („zuteilende Gewalt"; „Unheilsgeist") die bei einer bestimmten Gelegenheit sich äußernde göttliche Kraft verstanden (vgl. lat. numen). Damit sind im hellenistischen Verständnis alle unnennbaren Mächte gemeint, die fördernd und hemmend in das menschliche Leben eingreifen. Sie erhalten somit erst durch das Geschehen Individualität. So nennt Homer Götter gelegentlich Dämonen (Hom. Il. 6,407) und weist damit auf die Götter in ihrem übermenschlichen Wirken hin. Im antiken Glauben waren daher Dämonen nicht an einen Kultgott gebunden, sodass auch Verstorbene Dämonen genannt werden konnten (Aischyl. Pers. 642). Erst dadurch erwuchs die Vorstellung, dass Dämonen (gute oder böse) Zwischenwesen, Wesen niederen Ranges seien. Die Schutzfunktion hingegen kam von bestimmten Göttern, deren Schutz man sich durch gewisse Kulte zu erwerben dachte. Während der Dämon also in der Vorstellung der Antike das persönliche Schicksal bedeutet, ist das allgemeine Schicksal im Willen der Götter als Herrscher über das Böse und Gute zu begreifen, den es zu ergründen gilt.

In der Göttin Themis kann man das Modell des mystischen Ratgebers für den Staatenlenker erkennen. Anders als die irdischen Seher und Zukunftsdeuter, die den göttlichen Willen zugunsten der Menschen zu erahnen bzw. auszulegen hatten, deutete Themis für die Götterwelt die Ausgänge eines drohenden Schicksals, in das sich vor allem Zeus allzu leichtfertig begab. Wie Pindar berichtet, warnte sie ihn und auch Poseidon, sich mit Thetis zu vermählen, um ein Ungleichgewicht der Mächte zu vermeiden, das letztendlich durch die daraus entspringende Nachkommenschaft entstehen würde (Pind. I. 8,33). Darin zeigt sich, wie es Erwin Rohde ähnlich feststellte, dass die Seher nicht nur die Zukunft einfach voraussagten, sondern auch mit Rat und Tat beiseite standen, um ins drohende Schicksal einzugreifen und sich sogar vom Schicksal mitbetroffen zeigten. So war der Seher Aristandros ein ständiger Begleiter von Alexander dem Großen, der besonders bei seinen Feldzügen dem bedeutenden Feldherrn Mut zusprach (Plut. Alex. 14.25.33.52). Oder man denke an den Seher Astyphilos von Poseidonia, der dem athenischen Feldherrn und Staatsmann Kimon einen schwer zu deutenden Traum auslegte (Plut. Ki. 18). Die „Gabe oder Kunst der Wahrsagung, der Reinigung des „Befleckten", der Heilung von Krankheiten", schienen „aus Einer Quelle zu fliessen".[1]

Teiresias, der blinde Seher

Teiresias Ruhm als Seher war in der gesamten antiken Welt ein Begriff. Dazu, wie er zu seiner Sehergabe gekommen ist, gibt es die aberwitzigsten Geschichten, die aber allesamt dem Bild des blinden Sehers verpflichtet sind. Aus diesem Grund wurden sie vermutlich oft erzählt und müssen ob ihrer Erbaulichkeit wohl sehr populär gewesen sein. Nach einer Erzählung, die zu der Sammlung der Melampodeia gehörte, hat Teiresias als Kind Schlangen[2] bei der Paarung beobachtet und je einmal selbst das Geschlecht gewechselt. Mit dieser Kenntnis musste er einen Streit zwischen Zeus und Hera schlichten, indem er ihnen beantworten musste, ob eine Frau oder ein Mann beim Beischlaf mehr

1 Rohde o.J., 171.

2 Seherkraft in der Verbindung mit Schlangen wird gleichermaßen in der Verbindung mit dem Seher Melampus und auch Kassandra erzählt; vgl. Eckermann 1840, 5ff.

Genuss empfinden könne. Teiresias soll geantwortet haben, dass die Frau einen höheren Genuss habe. Daraufhin blendete Hera ihn. Seine Blindheit glich Zeus damit aus, dass er ihm die Sehergabe verlieh und ihm eine über sieben Generationen sich erstreckende Lebensdauer bewilligte (Hes. fr. 161ff.; Hyg. fab. 75; vgl. auch Ovid. met. 3,316ff.). Nach einem anderen Bericht, der auf Pherekydes von Athen zurückgehen soll, hat Teiresias sein Augenlicht verloren, weil er Athena während des Badens nackt gesehen habe. Auf Zuspruch Chariklos, einer Nymphe und Begleiterin der Athena, erhielt Teiresias die Gabe des Volgelflugdeutens (Pherek. 5,77ff.). Wieder eine andere Geschichte führt den Verlust des Augenlichts darauf zurück, dass Teiresias seine Sehergabe dazu benutzt habe, göttliche Geheimnisse zu verraten (Apollod. 3,69.84). Ganz gleich wie Teiresias zur Seherkunst gekommen ist, bleibt er in der antiken Literatur eine wegweisende Sehergestalt.

Besonders in der berühmten Ödipus-Sage steht Teiresias nach dem Theaterstück von Sophokles im Mittelpunkt. Auf der Suche nach dem Mörder des Königs Laios erhält Ödipus von Teiresias die Erkenntnis, dass er der Mörder seines Vaters sei und mit seiner Mutter Kinder habe. Zuerst sträubt sich der greise Seher, die Wahrheit zu sagen („Ihr alle wißt ja nicht; ich aber sage nun nichts weiter, daß ich nicht dein Leid enthüllen muss. […] Ich will mir selbst und dir nicht wehtun. Warum forschst du vergebens nach? Von mir erfährst du's nicht." (Soph. Oid. T. 328–334; übers. v. W. Willige, K. Bayer). Dann gibt er die Wahrheit preis: „Den Mörder des Mannes nenn' ich dich, nach dem du forschst. […] Nichts ahnend, sag' ich, pflegst du mit den Teuersten in Schanden Umgang, tief im Argen unversehens. (Soph. Oid. T. 362f, 366f; übers- v. W. Willige, K. Bayer – vgl. auch: 447–462).

Teiresias ist es auch, der als warnender Ratgeber Kreon davon abbringen will, sein Todesurteil gegen Antigone und Ismene aufzuheben. Nachdem in einem Machtkampf um die Herrschaft zwischen den Brüdern Eteokles und Polyneikes beide ums Leben gekommen waren, kam Kreon, der

Bruder Iokastes, der Frau des Ödipus, an die Macht. Das Bestattungsverbot gegen Polyneikes verkündet Kreon in einer Staatsrede und begründet seinen Beschluss damit, dass er in ihm einen Usurpator sieht, der seinem Bruder Eteokles die göttlich legitimierte Herrschaft streitig machen wollte. Während der Rede erfährt er, dass Antigone Polyneikes bestattet hat und wittert Verrat. Am Schluss tritt schließlich Teiresias auf, der ihn mit diesen Worten ermahnt:

> Teiresias:
> … die Opfer zeichenlos, die Deutung bleibt verwehrt!
> Denn mir ist dieser Führer, andren bin ich's selbst. –
> Und nur durch deinen Willen duldet dies die Stadt.
> Denn Feuerstätten und Altäre sind uns jetzt
> besudelt durch der Vögel und der Hunde Fraß
> am Leib von Ödipus' gefallnem Unglückssohn.
> Die Götter nehmen Opfer und Gebete schon
> nicht mehr von uns entgegen, nicht der Schenkel Brand.
> […]
> Nur Eigensinn verfällt der Schuld des Unverstands.
> Gib nach dem Warner: stich nach dem Erschlagenen nicht!
> Den Toten nochmals töten – welcher Heldenmut!
> (Soph. Ant. 1013–1030, übers. v. W. Willige, K. Bayer)

Doch die Einsicht des Kreon kam zu spät – zu dem Zeitpunkt, als alle Beschuldigten sich das Leben nahmen.

Teiresias' Grab befindet sich laut Pausanias dort, wo er auch gestorben ist, und zwar an der Quelle Tilphousa, von der er noch getrunken haben soll, bevor er starb (Paus. 9,33,1). Er erhielt sogar göttliche Ehren (Diod. 4,67; Plut. mor. 434c), sodass er auch im Hades das Bewusstsein behalten und Odysseus preisgeben konnte, wie er den Poseidon versöhnen kann (Hom. Od. 19, 492ff.; 11,90ff.).

Mopsos und die Argonauten

Wer kennt sie nicht, die alte Sage der 86 Männer, die auf dem Schiff Argo unter der Führung des Jason die abenteuerliche Fahrt nach Kolchis aufnehmen, um das goldene Vlies des Widders Chrysomallos in Besitz zu nehmen. Laut einer alten Sage wurde dieses Göttergeschenk als ein großer Schatz angesehen. Man erzählte sich, dass Phrixos, der Sohn des böotischen Königs Athamas, vor seiner bösen Stiefmutter Ino flüchtete. Damit er flüchten kann, bittet Nephele Hermes, ihm den sprechenden Widder mit diesem goldenen Fell zu schicken. Phrixos und Helle, seine Schwester, flohen dann auf dem Weg nach Kolchis. Helle bekam dieser Ritt nicht und fiel ins Meer, wovon der Name Hellespont zeugt – die heutigen Dardanellen. Jedenfalls hat Pelias seinen Neffen Jason dazu gebracht, das Vlies zu stehlen. Phrixos opferte Zeus, der seine Flucht ermöglichte, den Widder und gab dem König Aietes, der ihn in Kolchis gastfreundlich empfangen hatte, das goldene Vlies zum Geschenk. Da ein Orakelspruch besagte, dass das Leben des Aietes vom Besitz dieses Vlieses abhängig war, ließ er es von einem mächtigen Drachen bewachen. Dadurch wurde die Spannung dieser Erzählung erhöht. Nach einer abenteuerlichen Fahrt und verschiedenen Abenteuern besiegt Jason mit seinen Gefährten diesen Drachen und erobert schließlich das Vlies.[1]

Unter diesen Gefährten befand sich Mopsos, ein Angehöriger des mythischen Volkes der Lapithen. Er tritt nicht nur als Kämpfer gegen Kentauren in Erscheinung (Ovid. met. 12, 456; Paus. 5,17,10), sondern auch als Seher der Argonauten. Als sie nach der Erzählung des Apollonios von Rhodos am Kallichoron vorbeifuhren, passierten sie das Grab des Sthenelos, dem Begleiter des Herakles, der nach einem tollkühnen Kampf gegen die Amazonen von einem Pfeil getroffen worden und an der Küste gestorben war. Um die Argonauten

[1] Vgl. Schwab 1978, 56f.

zu verunsichern, veranlasste die Göttin der Unterwelt, Persephone, dass Sthenelos den Argonauten erscheinen sollte. Um dieser Verunsicherung aus dem Weg zu gehen, riet Mopsos ihnen kraft seiner Weissagekunst dazu, dort zu landen und Sthenelos zu opfern (Apoll. Rhod. 2,911–929).

Und sie zogen rasch das Segel hoch, warfen die Ankertaue ans Gestade, kümmerten sich um das Grab, gossen Weihegüsse für ihn aus und brachten heilige Schafopfer dar. (Apoll. Rhod. 2,925)

Mopsos soll einem Schlangenbiss zum Opfer gefallen sein, als die Argonauten den Rückweg angetreten haben. Und er „entging durch seine Seherkunst nicht der bitteren Bestimmung – es gibt ja keine Abwehr gegen den Tod" (Apoll Rhod. 4, 1502–1509; ähnlich bei Lykophr. 877ff.).

Der Machtkampf zwischen den Sehern Kalchas und Mopsos

Eine alte Legende erzählt von der Begegnung zweier Seher: Kalchas und Mopsos, der Kalchas unterlag. Dabei hatte Kalchas mit seiner Seherkunst den Verlauf des Trojanischen Krieges wie kein anderer beeinflusst. Er sagte bei einer Opferung für Apollo die Dauer des Krieges auf zehn Jahre voraus (Apoll. epit. 3,15; Hom. Il. 2,322; Ov. Met. 12,19; Hyg. fab. 97; Paus. 1,43,1). Er befürwortete, mit Achilleus in den Trojanischen Krieg zu ziehen und forderte die Opferung der Iphigenie (Hyg. fab. 98). Auch verlangte er die Rückgabe der Chryseis, die von Achilles erbeutet wurde, und die schließlich durch bestimmte Umstände Agamemnon bekam. Er riet sogar zum Bau des Trojanischen Pferdes (Verg. Aen. 2,185). Mopsos dagegen, der von dem oben erwähnten Lapithen Argonauten Mopsos zu unterscheiden ist, gründete zum Beispiel mit seiner Mutter Manto den Apollontempel in der Stadt Klarus (Hes. frg. 155; Paus. 7,3,2), in Kleinasien, dessen Ruine sich heute in der Nähe von Selçuk, in der Türkei befindet.

Die Geschichten über die Begegnung zwischen Kalchas und Mopsos sind in der Sammlung enthalten, die sich Melampodeia nennt. Diese geht auf den Seher Melampus zurück. Von ihr sind aber nur wenige Fragmente erhalten. Melampus galt als ältester Seher (Apollod. 2,26). Die aussagekräftigsten Erwähnungen über den Seherwettstreit finden sich hingegen bruchstückhaft bei Strabon, Homer und Pausanias.

Danach gab es ein altes Orakel über Kalchas, das besagte, dass die Sehergabe, die er von Apollo zugedacht bekam (Hom. Il. 1,72), ihm genommen werde, sobald er auf einen besseren Seher trifft (Strab. Geogr. XIV., 643: Strabon zitiert aus einem verlorenen Werk des Sophokles). Und in Mopsos erkannte Kalchas diesen besseren Seher. Kalchas stellt in einer Version des Hesiod Mopsos die Frage, wie viel Feigen dieser kleine wilde Feigenbaum trägt, woraufhin Mopsos antwortete, dass er zehntausend trage und dies dem Maß eines Scheffels entspreche, wobei hierbei eine Feige übrig bleiben würde. Kalchas stellte nicht nur fest, dass er damit recht habe, sondern er gelangte auch zu der Erkenntnis, dass Mopsos ihm überlegen war (Strab. Geogr. XIV., 643: Strabon zitiert aus einem verlorenen Werk des Hesiod). Daraufhin soll er gestorben sein. Eine weitere Version, wobei sich Strabon auf ein ebenfalls heute verschollenes Werk des Pherekydes beruft, schildert, dass Kalchas gefragt habe, indem er ihm eine trächtige Sau zeigte, wie viele Ferkel diese Sau werfen werde. Mopsos soll geantwortet haben, dass sie drei Ferkel bekommen werde und eines davon ein Weibchen würde. Mopsos behielt Recht, Kalchas nicht und starb deswegen aus Gram (Strab. Geogr. XIV., 643). Ein glückliches Schicksal ist jedoch auch dem Mopsos nicht beschieden. Es sollte seinen Tod in einem Streit mit seinem Gefährten Amphilochos finden, der ebenfalls ein Seher war. Nach dem Wettstreit mit Kalchas zog Mopsos mit Amphilochos weiter und gründete mit ihm Mallos. Dann trennten sich ihre Wege. Als Amphilochos wieder nach Mallos zurückkehrte, wollte Mopsos ihm keine Machtbefugnisse übertragen und sie gerieten in Streit miteinander. Amphilochos forderte

Mopsos zum Zweikampf. Dabei töteten sie sich gegenseitig (Strab. Geogr. XIV., 675). Über diesen Zweikampf berichtet Strabon allerdings wie so oft in mehreren Versionen. So ist Amphilochos nach Hesiod von Apollon selbst getötet worden (Strab. Geogr. XIV., 675).

Sicher ist, dass diese Geschichten, im Gegensatz zu dem eher selbstgefälligen Mopsos, eine gewisse Sympathie für Kalchas widerspiegeln dürften – einem Mann, der während des kräftezehrenden Trojanischen Krieges seine Seherkraft zum Schutze Griechenlands einsetzte. Deswegen ist Kalchas, der entweder aus Mykene oder aus Megara stammte (Hyg. fab. 97, Paus. 1,43,1), noch lange Zeit auch in anderen Kulturen verehrt worden. Im Gregorianisch-Etruskischen Museum innerhalb der Vatikanischen Museen kann man beispielsweise einen Bronzespiegel bestaunen. Das gegen Ende des 5. Jh. v. Chr. geschaffene Werk ist ein Meisterstück etruskischer Handwerkskunst. Auf ihm erkennt man einen Haruspex, der aus den Eingeweiden eines Tieres liest. Anhand einer etruskischen Inschrift weiß man, dass Kalchas gemeint ist. Dass der Haruspex in diesem Kunstwerk mit Flügeln ausgestattet ist, ist nicht ungewöhnlich, denn Seher wurden in der etruskischen und griechischen Kunst für gewöhnlich mit Flügeln versehen.[1] Mopsos hingegen war besonders in den Städten, die er selbst gründete, und zwar in Lykien, Pamphilien und Kilikien populär. Dies bezeugen noch heute verschiedene Münzprägungen, auf denen Mopsos abgebildet ist. So konnte L. Robert auf verschiedenen Silberdrachmen von Aspendos aus dem 5. Jhd. v. Chr. den Seher Mopsos erkennen.[2]

Kassandra und ihr unerhörter Ruf

In antiker Zeit konnte man in Pompeji ein besonderes Fresko betrachten, in dem Kassandra mit rechter erhobener

---

1 Vgl. Metzler 1990, 236.
2 Vgl. Metzler 1990, 235.

Hand den Fall Trojas voraussagt. Dies spricht für die Popularität dieses Ereignisses, das zudem zu einem geflügelten Wort wurde, und zwar zu einem Sinnbild einer nicht ernst genommenen Warnung: dem Kassandraruf.

Der mythologischen Überlieferung nach war Kassandra eine Tochter von Priamos, dem König von Troja und Hekabe. Sie hatte einen Zwillingsbruder namens Helenos. Ebenso wie Kassandra ist dieser mit einer Sehergabe ausgestattet, die ihn Unheil erkennen lässt (Hom. Il. 7,44). Im Unterschied zu Kassandra war Helenos nach Homer nicht nur Seher, sondern auch Krieger (Hom. Il. 12,94; 13,576ff.) – und somit einer, der aktiv ins Geschehen eingreifen konnte. Folgt man Homer, muss Kassandras Schönheit sogar noch die Aphrodites übertroffen haben (Hom. Il. 18,690). Sie wurde vielleicht gerade deshalb in den griechischen Tragödien als eine schicksalhafte, tragische, fast engelsgleiche, aber dennoch unkämpferische Gestalt inszeniert. Das bekannte Bild der ungehörten Künderin Kassandra kommt tatsächlich erst in den griechischen Tragödien zum Ausdruck als Höhepunkt einer Erzählentwicklung, in der die Sage entstand, Kassandra habe die Sehergabe von Apollo als Gunsterweisung seiner Liebe zu ihr als göttliches Geschenk erhalten. Weil Kassandra sich ihm verschloss, hat Apollo diese Sehergabe damit verknüpft, dass ihre warnenden Visionen vom Untergang Trojas von niemandem ernst genommen werden sollten, was sich dann schließlich durch die Eroberung Trojas durch ihren Bruder Paris erfüllte. Dieses Bild entspricht einer Tradition, die vor allem in Dichtungen des Apolodor oder Pindar (vgl. Apollod. 3,151; Pind. P. 11,33) Einzug gehalten hat. Schon Aischylos übernimmt dieses volkstümliche Motiv (Aischyl. Ag. 1202ff.), um es im Rahmen einer indirekten Kriegs- sowie Sittenkritik über den Ausgang des Trojanischen Krieges anklingen zu lassen. In der Orestie, der einzigen Trilogie, die der Nachwelt erhalten geblieben ist, werden Kassandra im Rahmen eines Familiendramas, gezeichnet durch Intrigen, Missgunst, Eifersucht und nicht zuletzt durch gezielte Racheakte, tatsächlich fast heldenhafte Züge verliehen. Sie sagt ihren eigenen Rachetod und den ihres Liebhabers Agamemnon voraus, der vom Volk in der Gestalt des Chorführers ungläubig zur Kenntnis genommen wird (Aischyl. Ag. 1215–1340).

Kassandra: O weh, o weh! O, oh, die Qual!
Aufs neue wühlt mich Wahrsagertums furchtbare Pein
Im Wirbel auf zu Vorspiels Spruch -
Ha, seht ihr – die dort – vor dem Haus – niedergehockt,
So jung, der Träume Trugbild gleichend an Gestalt:
Knaben, gemordet – deut ich's recht? – von Blutsfreunds Hand!
Die Hände – Fleisches voll – von eignen Stammes Mahl,
Gedärm samt Eingeweid, – o jammernswerte Tracht!
Ich seh's, sie halten's, was der Vater ehdem aß!
Dafür die Rache, sag ich, sinnt sich, heckt sich aus
Ein Leu, ein feiger, der im Bett umher sich wälzt,
Im Haus hockt, weh mir, an dem heimgekehrten Heim,
Dem meinen; tragen muss ich ja das Sklavenjoch.
Der Flotte Führer, Ilions Bewältiger,
Weiß nicht, wie die verhaßte Hündin, mit der Zung
Ihn leckend, streckend ihm ihr schmeichelnd Ohr, wie ein
Lauernd Verderben, bald mit Glück ihm Unglück schafft.
Solch wildes Wagnis: Weib – des Mannes Mörderin!
Sie ist – wie nenn ich das verhaßte Untier, dass
Ich's treffe? Heiß ich Schlange oder Skylla sie,
Hausend in Felsenhöhlen, Schiffern zum Verderb,
Rasende Höllenmutter, ewgen Haders Geist
Den Ihren schnaubend? Wie sie aufgejubelt hat,
Die Allverwegene, grad wie bei gewonnener Schlacht,
Freude geheuchelt ob des Glücks der Wiederkehr!
Hierbei ist's gleich, ob man mir glaubt, ob nicht; ganz gleich,
Die Zukunft kommt; und du gar bald als Zeuge sagst
»Nur allzu wahre Seherin« mitleidvoll von mir.
Chorführer: Vor Frevel, Unglückselige, wahre deinen Mund!
Kassandra: Wohl; doch kein Heilgott rettet mehr vor diesem Wort.
Chorführer: Nicht, wenn es wahr wird. Doch nie möge das geschehn!
(Aischylos, Ag. 1214–1249, übers. v. O. Werner)

So wird auf der Bühne Kassandra als eine tragische Lichtgestalt verklärt, die ihren und Agamemnons Tod vorhersehen muss und sich freiwillig in ihr Schicksal zu begeben scheint, während ihr Bruder Helenos quasi als bezwungener Kämpfer weissagen muss, dass allein Philoktetes Troja besiegen kann (Soph. Phil. 601–621). Euripides dagegen stellt in seinem Stück „Troiádes" Kassandra als Künderin des bevorstehenden Unheils der Sieger über Troja dar, die durch ihr maßloses Siegerverhalten Athene und Poseidon gegen sich aufgebracht haben. In dieser Weise wurde Kassandra von Euripides geradezu als irdische Aphrodite zum Prototyp einer Seherin, die auch im Gefühl eines überstandenen Schicksals die Abhängigkeit zu den Göttern in Erinnerung bringt, jedoch von Siegtrunkenen schwerlich wahrgenommen werden kann. Anders aber treten in einer späteren Dichtung des Lykophron aus Chalkis die klagevollen Weissagungen Kassandras als Alexandra in den Dialog mit dem ganzen Spektrum des leidvollen Trojanischen Krieges und seine dadurch entstehenden Folgen. Über die Namenswahl „Alexandra" kann man spekulieren. Vermutlich soll der Leser/Hörer in der Rolle der Κασσάνδρα (übersetzt: „die Männer fangende"), in der Verbindung als „Αλεξάνδρα" („die Männer abwehrende" und „die Männer verteidigende"), die sozialpolitische Intention des Lykophron erkennen. Denn diesmal geht es weniger um die Schönheit dieser Seherin im Schicksalsgeflecht des Trojanischen Krieges, sondern vielmehr um sie als Künderin des Weges einer Aussöhnung zwischen Griechenland und Troja. Interessant hierbei ist, dass Homer Paris auch Alexandros nennt (Hom. Il. 3 passim). Vielleicht wollte Lykophron an dieser Zweinamigkeit (Paris – Alexandros) anknüpfen, um in der Überwindung der tragischen Kassandra, in einer „Kassandra – Alexandra" die Geburt einer neuen Zeit anzumahnen (Lykophr. Alex. 1461).

Kassandra scheint das gleiche Schicksal erlitten zu haben wie die einfachen Boten der Antike, wenn sie unheilvolle Nachrichten brachten. Pausanias berichtet von einer Liebesgeschichte zwischen Apollo und der Koronis, der Tochter des Königs Phlegyas von Orchomenos, die ein Kind von ihm erwartet und von ihrem Geliebten einen Vogel als Wächter geschickt bekommt. Als dieser Vogel Apollo berichtet, dass Koronis ihn mit einem Sterblichen namens Ischys betrogen hat, bestraft er ihn, indem er ihn missgestaltet und vor allem ihm seine Singfähigkeit nimmt (Paus. 2,26,6–7). So wurde auch Kassandra als Urheberin des Untergangs von Troja gesehen, als Folge einer Strafe des verschmähten Liebhabers Apollo. Sie wurde Opfer ihrer Schönheit; denn sie wurde vom Lokrer und Trojakämpfer Aias entehrt. Sie erfleht sich Schutz von Athene, indem sie ihr Tempelbild schutzflehend ergreift (Lykophr. 358.1143). Diese Tat bleibt allerdings nicht ungesühnt, denn mit Hilfe der Götter Athene und Poseidon kommt Aias schließlich um (Hom. Od. 499–516).

Nach diesen Ereignissen ist über Kassandra nichts mehr bekannt. Allerdings scheint Pausanias tatsächlich das Grab der Kassandra gesehen zu haben (Paus. II. 16,6). Ob dies stimmt, kann leider heute nicht mehr ausgemacht werden.

Sibylle und die Sibyllinischen Bücher

Die Vorstellung einer gottesbesessenen, weissagenden Frau namens Sibylle hat eine lange Tradition. Sie erfüllte vermutlich eine bestimmte überkulturelle Erwartungshaltung, in der auch die Sehergestalt der Kassandra weiterlebte. Denn die Legenden um eine Sibylle, die in Ekstase unaufgefordert Weissagungen tätigt, ist so im kulturellen Gedächtnis verankert, dass sie zur Chiffre der prophetischen Weissagung wurde, deren Tradition bis in das späte Mittelalter beliebt war. Dafür spricht, dass zwar von verschiedenen Sibyllen berichtet wird, jedoch diese verschiedenen Sibyllen nur schwerlich voneinander differenziert werden können. Berichteten Heraklit, Aristophanes und auch Platon noch von einer *Σίβυλλα*, ging Herakleides Pontikos erstmals von mehreren aus (Herakl. frg. 92; Plat. Thg. 124D; Aristoph.

Equ. 61, Pax 1096 u. 1116, Herkl. Pont. fr. 130 Wehrli[1]). Einer der ältesten Berichte von einer Σίβυλλα, wenn nicht der älteste, der eine gewisse Vorstellung dieser Seherin vermittelt, gibt Heraklit. Er berichtet über sie: *Die Sibylle mit rasendem Munde Ungelachtes und Ungeschminktes und Ungesalbtes hinausrufend dringt durch Jahrtausende mit der Stimme, getrieben vom Gott.* (Herkl. fr. 92; übers. v. B. Snell). Danach kann angenommen werden, dass diese Tradition einer Sibylle ihren Ursprung im östlichen Kulturraum haben muss. Nach Pausanias muss sie vor 1194 v. Chr. gewirkt haben, er ordnet das Auftreten der Sibylle zeitlich vor dem Trojanischen Krieg ein. Man kennt z.B. eine Sibylle aus Delphi, aber auch eine aus Cumae.

Einige Orakelsprüche „der Sibylle" sind immerhin erhalten: In der Biografie des Demosthenes erwähnt Plutarch einen Orakelspruch der Sibylle, die in dieser Biografie den ungenannten Orakelspruch der Pythia unterstützen soll. Dieser Orakelspruch soll im Zusammenhang gestanden haben mit der Voraussicht des Endes der „Freiheit Griechenlands". Der Makedonierkönig Philipp II. wird darin als Sieger und Besiegter prophezeit, der auch die Schlacht bei Chaironeia gewann. Es ist anzunehmen, dass Plutarch, der selbst Priester in Delphi war und noch dazu aus Chaironeia stammte, die Umstände wohl genau gekannt haben muss.

> Weit von der Schlacht am Thermodonfluss möcht' ich entfernt sein,
> Möcht' als Adler aus Lüften und Wolken auf sie herabschaun.
> Weinen muss der Besiegte, doch ist der Sieger verloren.
> (Plut. Dst. 19, Übers. K. Ziegler)

Wenn man allerdings die Sixtinische Kapelle besucht und die berühmten und einzigartigen Gemälde des Meisters Michelangelo betrachtet, wird man die Sibylle von Cumae erkennen können. Man erblickt eine androgyne ältere Gestalt, die in einem Buch liest. Denn gerade diese Sibylle wird mit den berühmten Sibyllinischen Büchern in Zusammenhang

[1] Vgl. Schröder 1990, 193ff.

gebracht. Man wird sich fragen, warum gerade eine heidnische Seherin, einen Platz in einem christlichen Tempel gefunden hat.

Nach einer alten Erzählung, die von den Geschichtsschreibern u.a. von Dionysios von Halikarnassos überliefert wurde, soll Sibylle von Cumae dem letzten König von Rom, Lucius Tarquinius Superbus, die Orakelbücher zum Kauf angeboten haben, was jener zuerst ablehnte. Dies hatte zur Folge, dass sie drei Bücher verbrannte. Daraufhin soll der König die Bücher doch erworben haben (Dion. Hal. 4,62[1]).

Die Sibyllinischen Bücher trugen jedenfalls neben der Spruchsammlung, die der etruskischen Seherin Vegoia zugeschrieben wird und wahrscheinlich von der „Kunst der Deutung der Blitze“ handelte, als sakrales Erbe des alten Königtums Roms zum Selbstverständnis des neuen römischen Weltstaates bei. Das belegt schon die Tatsache, dass sie im Gewölbe des Tempels des Staatsgottes Jupiter, dann im Apollon-Tempel aufbewahrt, streng behütet und nicht zuletzt für staatstragende Fragen konsultiert wurden. Dies berichtet zumindest der Grammatiker Maurus Servius Honoratius, in dem im 4. Jahrhundert verfassten Aeneiskommentar (Serv. Aen. 6,72,1; 17,10,2).

Das Gewicht des Interesses lag aber in erster Linie auf den Sibyllinischen Büchern. Die staatstragende Bedeutung der Orakelsprüche der Seherin erkennt man außerdem auch in den Situationen, in denen versucht wurde, mit angeblichen sibyllinischen Orakelsprüchen gewisse Entscheidungen zu erzwingen. So berichtet Plutarch vom Konflikt der Königswürde, die Caesar angetragen wurde, von den Gegnern beund gefürchtet und von den Freunden besonders begrüßt. Da Caesar sich dagegen sträubt, wie sich später herausstellte mit Recht, versuchen Gefolgsleute, einen angeblichen sybillinischen Orakelspruch zu verbreiten, in dem es hieß, dass Caesar nur als König die Parther besiegen könne (Plut. Caes. 60). Ähnlich innerhalb der berühmten Coniuratio Catilinae,

1 Dionysios von Halikarnassos entnimmt diese Geschichte, wie er selbst angibt, aus einem Buch Varros, das als verloren gilt.

in der Publius Cornelius Lentulus Sura, ein Prätor, der sich auf Catilinas Seite geschlagen hatte, von windigen Gefolgsleuten Folgendes geweissagt wird:

> [...] es seien Rom drei Männer aus dem Hause der Cornelier als Alleinherrscher vom Schicksal bestimmt, von denen zwei schon ihre Bestimmung erfüllt hätten, Cinna und Sulla; ihm als dem dritten noch übrigen Cornelier trage nun die Gottheit die Alleinherrschaft entgegen, und er müsse sie unbedingt annehmen und nicht durch Zaudern die rechte Stunde versäumen wie Catilina. (Plut. Cic. 17, Übers. K. Ziegler)

Nachdem also die originalen Sibyllinischen Bücher einem Brand zum Opfer gefallen sind, wurden die Orakeltexte von den Sibyllenstätten (Samos; Ilium; Erythrae; Afrika; Sizilien und in den italischen Kolonien, vgl. Tac. ann. 6,12) neu gesammelt und zusammengestellt und durch Augustus auf den Palatin geschafft. Dies zeigt ferner ihre besondere sakrale Bedeutung auch für die neue Staatsform: das Prinzipat. Sollte also Michelangelo sie in seinem Kunstwerk deswegen verewigt haben, da der vatikanische Staat auch als rechtmäßiger Erbe des römischen Kaiserreiches bezeichnet werden kann? Was in den Sibyllinischen Büchern stand, muss leider als verloren betrachtet werden. Die uns heute im Namen der Sibylle überlieferten griechischen Orakelsammlungen sind von den ursprünglichen Sammlungen zu unterscheiden. Diese enthalten auch Texte, die jüdisch-christliches Gedankengut zeigen. Denn die eigentlichen Sibyllinischen Bücher sind von dem Vandalen und Römer Flavius Stilicho um 400 vernichtet worden, im Zeichen eines neuen Staatsverständnisses, das durch Theodosius den Großen seine sakrale Grundlage im Christentum sah und das Heidentum massiv zurückdrängte. Die Sybillinischen Bücher waren durch die vermeintliche Wiederentdeckung der vermeintlichen Sibyllinischen Bücher ab dem 15. Jahrhundert außerordentlich populär[1], was natürlich darauf zurückzuführen

[1] Vgl. Loerzer 1989, 131.

ist, dass sie für die „echten" Bücher der Sibylle von Cumae gehalten wurden. Der Grund also, dass Michelangelo Sibylle von Cumae in seinem Werk erscheinen lässt, hat vermutlich damit zu tun, dass sie nach damaligem Kenntnisstand gewissermaßen als Mittelsfigur zwischen dem heidnischen und jüdisch-christlichen Erbe erscheint und somit eine Brücke zwischen alter und neuer Weisheit schlägt.

Pythia und das Orakel von Delphi

Wie bereits oben erwähnt, fanden pythische Orakelsprüche schon in den Tragödien Erwähnung, meist um gewisse Weissagungen gegeneinanderzuhalten. So hält in der Tragödie der Chor Agamemnon dem unheilvollen Kassandraruf einen pythischen Orakelspruch entgegen. Auch wurden, wie ebenfalls bereits erwähnt, sibyllinische Sprüche herangezogen, um Pythias Weissagung zu unterstützen.

Der Name Pythia, der gelegentlich als Eigenname aufgefasst wird, war in Wirklichkeit eine offizielle Namensbezeichnung der Priesterin, die im Orakel beschäftigt war: Er leitet sich sich vom ursprünglichen Namen der gesamten Orakelstätte ab: πῦθώ (Pythó) (Hom. Il. 2,519; Hom Od. 8,80; Hes. theog. 499,807I.; Plut. Mor. 410a). Und man erzählte sich, dass eine Schlange namens πῦθών (Pythón), die ursprünglich Delphyne hieß[1], die Stätte bewachte und schließlich von Apollo getötet wurde. Mit diesem Sieg beginnt die Schutzherrschaft des Apollo und damit die eigentliche Bekanntheit und Bedeutung dieser Kultstätte. Pausanias will dort sogar eine goldene Apollostatue gesehen haben (Paus. 10,5,5–32). Während der alte Name *pýtho* (πύθω) soviel heißt wie „stinkt", „fault", bedeutet Delphi (Δελφοί) soviel wie „Wölbungen". Vielleicht ist hier eine wichtige Spur gelegt worden, um den tatsächlichen Kultgeschehen nachzugehen. Unzweifelhaft gibt wohl „Delphi" den geografischen Charakter dieses Ortes vor. Was mit dem weniger einladenden

[1] Vgl. Schwartz 1860, 97.

Ausdruck *Pytho* wohl gemeint sein soll, darüber kann man nur spekulieren. Schon Plutarch berichtet als Augenzeuge von den wohlriechenden Dämpfen, die Pythia eingeatmet haben soll (Plut. mor. 437c). Nach den heutigen Forschungen kann als erwiesen gelten, dass ausströmende Gase eine Rolle gespielt haben müssen, die Pythia dazu bewegen, im heiligen Raum des Tempels in Trance zu sprechen. Unklar bleibt jedoch die genaue Erklärung, wie dies vonstatten ging. Ob es sich dabei um Ethylen oder ein im Gestein ausströmendes Methan- und Kohlendioxidgemisch handelte, das während des Zeremonieaktes zu einem Sauerstoffmangel führte, soll hier keine größere Rolle spielen.[1]

Dass der Kultort des Orakels in Delphi mit seinem berühmten mahnenden Imperativ: Erkenne dich selbst! (Cic. Tusc. 1,21,50; fin. 5,16,44) als kulturelles Zentrum Griechenlands zu bezeichnen ist, kann man historisch wohl kaum bestreiten – und dasselbe gilt für die anderen Orakel in Dodona oder auch Siwa. Viel Prominenz, besonders Staatenlenker, wandte sich an das Orakel in Delphi (Plut. mor. 407D) und somit an Apollo, der, wie Heraklit bemerkte, nur Zeichen (σημαίνει) gibt (Herkl. frg. B 93). So sind vor allem Weissagungen erhalten, die nicht nur in die Geschichte Griechenlands eingegangen sind, sondern diese auch entscheidend beeinflusst haben. Zum Beispiel hat Themistokles mit Hilfe des Orakels die Seeschlacht bei Salamis bestreiten können. Es verkündete zudem das berühmte Wort, dass Sokrates der weiseste Mann sei (Plat. apol. 21A-C).

Was Pythia sagte, war für den, der auf der Suche nach Antwort für seine Fragen zum Orakel kam, wohl kaum verständlich, so dass die Priester diese Aussprüche zu deuten hatten. Diese wiederum waren – wie man heute weiß – durch ein geheimes Informationsnetz erstaunlich gut organisiert[2], sodass sie ihre Kenntnisse mit den verworrenen Halluzinationen der Pythia verbinden konnten. Aus diesen Gründen wird Pythia als Prophetin oder gar als Seherin

[1] Solche untersuchen z.B. Marschall 2004, 267f.

[2] Vgl. Rotta u.a. 2007, 87.

schwerlich gelten können, eher als Medium für die Aussprache des göttlichen Willens. Überraschen mag die nüchterne Sicht des Plutarch, der in seiner Schrift: *Die Orakel der Pythia* (de Pythiae oraculis) seine Sicht über die vermeintlich durch Apollo sprechende Priesterin kundtut. Unmissverständlich erklärt er, dass Apollo in Pythia lediglich die Vorstellung erweckt und ihr das Licht in ihrer Seele anzündet, „das in die Zukunft leuchtet" (Plut. mor. 397B-C). Er stellt damit zugleich klar, dass nur Pythia spreche und nicht Apollo. Deshalb, und deswegen sei sie hier erwähnt, wurde sie als Seherin bzw. Prophetin bezeichnet und verehrt (Eur. Ion. 42; 92).

Besonders bitter ist es allerdings, wenn gewisse Orakelsprüche unglücklich gedeutet werden. Ob diese Geschichte nun authentisch ist oder nicht, sie zeigt jedenfalls, dass eine vorschnelle Interpretation verheerende Folgen haben kann. So soll Kroisus, der bekannte Lyderkönig, aus Pythias Mund geweissagt bekommen haben:

Über den Hylas gerückt, wirft Kroisus ein mächtiges Reich um
(Aristot. rhet. 1407a; übers. v. F. Sieveke)

Diesen geschickten, im Hexameter geschmiedeten Spruch soll Kroisus zum Anlass genommen haben, einen glücklichen Ausgang des Krieges gegen Persien zu erkennen. Jedoch liegt diesem Orakel auch die Möglichkeit inne, dass die Perser Kroisus besiegen werden, was dann auch eintraf. Aristoteles sah in diesem Ausspruch das besondere Merkmal der Wahrsagekunst. Dadurch, so Aristoteles, wird somit die „Gefahr eines Irrtums" vermieden. „Denn man hat eher Erfolg bei den Paar – Unpaarspielen, indem man *paar* oder *unpaar* sagt, als [zu raten], wieviel jemand in der Hand hat; ebenso bei der Aussage, *dass* etwas geschehen wird, als *wann*. Daher sagen die Orakelsprecher auch nicht (das) *Wann* voraus" (Aristot. rhet. 1407b; übers. F. Sieveke). Auch Plutarch, der ja selber Priester in Delphi war, sekundiert, dass es geradezu notwendig war, womöglich aus Selbstschutz besonders dunkel, nicht ohne Umschweife und Doppelsinn die mächtigen Bittsteller zu „beraten" (Plut. mor. 407c).

Als nämlich Pyrrhos das delphische Orakel über den Ausgang seines Krieges gegen die Römer befragte, soll ihm geweissagt worden sein:

Aio te, Aeacida, Romanos vincere posse (Cic. div. 2,116)
Entweder übersetzt man:
Ich sage, Aeacida , dass du die Römer besiegen kannst!
oder man übersetzt:
Ich sage, Aeacida, dass die Römer dich besiegen können.

Cicero, der die Echtheit dieser Sentenz selbst nicht ohne Süffisanz anzweifelt, hebt ähnlich wie Aristoteles die Tücken solcher zweideutigen Orakelsprüche hervor (Cic. div. 2,116ff.). Ohne Zweifel wird hier die Macht des ACI vor Augen geführt. Denn die beiden Akkusative können jeweils entweder Subjekt oder Objekt sein. Aber, wie Cicero glossierend fragt, hat Apollo Lateinisch gesprochen?

Ferner wurde dem Kaiser Nero geweissagt, er solle das Jahr 73 fürchten (vgl. Suet. Nero 40,3). Nach Sueton deutete Nero die Zahl 73 als sein Sterbejahr. Wie sich später aber herausstellen sollte, war das Alter Galbas gemeint, der im 73. Lebensjahr zum Princeps gekürt wurde und somit Nero ablöste.

Illustrer ist allerdings die Geschichte einer eigenständigen Deutung einer Weissagung, die aber ursprünglich wohl nicht als eine solche gemeint war. So soll kein Geringerer als Alexander der Große Pythia bedroht haben, weil sie ihn zurückwies, da er sie zur unpassenden Zeit bemühen wolle. Denn ein Bittsteller hatte zu warten, da nur zu bestimmten Zeiten „orakelt" wurde. Auch ist ein direkter Kontakt, oder gar ein Dialog mit Pythia ausgeschlossen. Dies war allein den Priestern vorbehalten. Dass diese Anekdote einen Dialog zwischen Pythia und Alexander wiedergibt, hebt die Außergewöhnlichkeit dieses Bittstellers hervor und charakterisiert ihn als kraftvollen Heros. Denn er zog sie mit Gewalt zum Tempel, während Pythia schrie: „Du bist unwiderstehlich, Knabe" (Plut. Alex. 14; Übers. K. Ziegler). Alexander soll dies so gedeutet haben, dass seine Stärke und somit sein Heer im bevorstehenden Krieg gegen die Perser nicht unterliegen wird und ließ von ihr ab. Wie man heute weiß, behielt Alexander mit seiner Deutung recht.

Dass mit vermeintlichen Weissagungen der Pythia versucht wurde, ins politische Geschehen einzugreifen, war nicht so außergewöhnlich (siehe oben im Abschnitt Sibylle). Zum Beispiel hat der Spartaner Lysander vergeblich neben Anderen auch Pythia bestechen wollen (Plut. Lys. 25).

Als dann das Christentum aufkam, ging der Orakelbetrieb auch in Delphi zu Ende. Kaiser Julian, der auch der Abtrünnige genannt wird, hatte noch versucht, die alten Kulte wieder neu zu beleben, was ihm aber schließlich nicht gelang (vgl. Iul. epist. 89b Bidez-Cumont). So gab der Kirchenvater Clemens von Alexandrien schon mehr als hundert Jahre früher mit seinen kritischen Ansichten über die heidnischen Kulte die Richtung vor, die sich immer mehr durchsetzen sollte. In seinem Mahnbrief an die Heiden rief er dazu auf, die „nutzlosen Orakelsitze" (ἄχρηστα χρηστήρια), darunter auch „den Pythion" und mit ihnen alle Zukunftsseher der Vergessenheit anheimfallen zu lassen (vgl. Clem. Al. protr. 2,11,2).

Marcius und der zweite punische Krieg

Wer Marcius war, kann heute leider nicht mehr geklärt werden. Allerdings bezeugen der Geschichtsschreiber Livius, der Philosoph Macrobius Ambrosius Theodosius und auch der bereits erwähnte Grammatiker Maurus Servius Honoratius, dass es ihn gegeben hat. Dass aber seine Weissagungen wie die Sibyllinschen Bücher ebenfalls im Apollon-Tempel auf dem Palatin gehütet wurden, zeugt davon, dass die Carmina Marciana, wie das Weissagungsbuch genannt wurde, eine tragende Bedeutung für die römische *res publica* hatte. Die Popularität dieses Buches fiel in eine Zeit, als Rom durch die geschickte Kriegstaktik Hannibals fast zerstört worden wäre. Erst durch Scipio den Älteren gelang Rom der entscheidende Sieg über Karthago bei Zama – nach fast zwei Jahrzehnten erbitterter Kämpfe.

Das Volk muss zur Kriegszeit die mühsamen Anstrengungen, die Rom nun aufbringen musste, wohl gespürt haben, sodass viele unheilvolle Prophezeiungen im Umlauf waren. Diese ließ aber der römische Senat durch Beschluss beschlagnahmen – wohl um eine Staatsgefährdung von innen heraus zu vermeiden. Denn Marcius soll, laut den überlieferten Fragmenten, die Niederlage von Cannae vorausgesagt haben: eine Schlacht, in der Hannibal eine Kriegstechnik anwendete, die bis heute als Lehrbeispiel dient. Das viel kleinere Heer der Karthager umzingelte das mächtige römische Heer, das auf einen damals üblichen Zweifrontenkrieg eingestellt war.

Nach der vernichtenden Schlacht bei Cannae bekamen die Carmina Marciania ihren Stellenwert. Denn Marcius verknüpfte seine Weissagung der Niederlage von Cannae mit der Empfehlung, nach griechischem Vorbild zu Ehren Apollos jährlich Spiele stattfinden zu lassen, um dadurch mit göttlicher Hilfe die Feinde zu bezwingen (vgl. Liv. 25,12,5f; Cic. div. 1,40,89; Macr. Sat. 1,17,28). Inmitten der Kriegszeit, die noch bis 202 v. Chr. andauern sollte, besorgten die Decemviri Sacris Faciundis, das Priesterkollegium, die Austragung der Apollonischen Spiele (Ludi Apolloniaris). So wurde um den Seher Marcius ein Kult geschaffen, der den Glauben an den Sieg gegen die Karthager am Leben hielt, während ein solcher durch die Erfolge von Hannibal tatsächlich aussichtsloser wurde.

Seherkunst im Dienst des Staates

Es waren Auguren, die als Berater des legendären Königs T. Superbus geraten haben, letztendlich doch Weisheitsbücher der Sibylle zu erwerben, welche schon aus Zorn über die erste Abweisung die ersten Bücher zerstört hatte. Diese schöne Geschichte stellt bildlich dar, wie Rom sich den östlichen Kult sicherte und damit für das sakrale Selbstverständnis eines stets sich ausbreitenden Staates einen Grundstein legte. Während das Stadtstaatenprinzip Griechenlands womöglich eine neutrale Kultstelle benötigte, um sich ob ihres Schicksals Rat zu suchen, konnte der römische Staat letztendlich auf der Grundlage der religiösen Kulte und als Ausdruck eines langsam wachsenden römischen Nationalgefühls im Eindruck des hellenistischen Orakelkultes und auch der etruskischen Kulte mit ihren Haruspices ein offizielles Beamtenamt schaffen, um von neutraler Stelle das Gesamtschicksal des Staates bestimmen zu können. So übernahmen die Pontifices die Kontrolle über die religiösen Anordnungen und waren somit auch mit der Opferschau betraut, während die Auguren den Vogelflug deuteten (Cic. div. 1,122; 1,43).

Durch die Übernahme etruskischer und vor allem griechischer Kultvorstellungen wurde die römische Religion aus dem Gefühl genommen, einer unpersönlichen Kraft gegenüber sich absichern zu müssen.[1] Mit Aufkommen eines differenzierten Staatsverständnisses war es nämlich gefährlich, das Amt eines Sehers, das auf das Staatsschicksal ausgerichtet war, in politisch unabhängiger Position zu wissen. Die Haruspices, die vorrömischen Seher, die aus Eingeweiden der Tiere oder anhand von Wunderzeichen (*prodigia*) die Zukunft zu deuten hatten, blieben in der römischen *res publica* geachtete Zukunftsseher. Und obgleich wohl ein gewisses Misstrauen der etruskischen Eingeweideschau entgegengebracht wurde, sodass angesichts der falschen Haruspices, die es natürlich auch gab, Cato sich fragte, ob sich zwei Haruspices ohne zu lachen begegnen können (Cic. Div. 2,51), blieben sie bei schwierigen Entscheidungsfragen eine wichtige Instanz und waren nie ganz aus der religiösen Kultwelt des römischen Reichs verschwunden (Tac. ann. 11,15). So kam die Zunft der „Opferschauer" in der Spätphase der römischen Republik als Bund in einem 60 Mann starken Kollegium wieder zum Vorschein. Das Besondere war, dass die

1 Vgl. Bleicken 1978, 182ff.

Haruspices in ihren „Untersuchungen" auch die Ursache für bereits vollzogene, wohl nicht zufriedenstellende Handlungen feststellen konnten. Nur wenige Namen der Haruspices, die vom Senat als Begleitung der Beamten einberufen wurden (Cic. har. 5), sind erhalten. Gewöhnlich wurden sie in besonders schwierigen Situationen herangezogen (vgl. Liv. 42,20,2). In zwei bestimmten Ereignissen, die explizit das römische Staatsschicksal betrafen, werden die auftretenden Haruspices namentlich genannt. Das eine Mal war es der Haruspex Spurinna, der Iulius Caesar vor den Iden des März gewarnt haben soll (Cic. div. 2,52). Nachdem in dem Opfertier, einem Rind, kein Herz gefunden wurde, soll er gesagt haben, dass dies Caesars Leben und Planen beträfe. Denn beides habe seinen Sitz im Herzen (Val. Max 1,6,13). Ein anderes Mal war es der Haruspex Umbricius Melior, der befragt wurde. Es war am Ende der iulisch-claudischen Epoche, als nach dem Tod Neros ein beispielloser Bürgerkrieg über das römische Reich fegte. Drei Kaiser – Galba, Otho und Vitellius – versuchten irgendwie die iulisch-claudische Epoche fortzusetzen, mussten letzten Endes aber infolge dieser teils übertriebenen Erwartung dem unerbittlichen Bürgerkrieg zum Opfer fallen. Kurz vor seiner Ermordung befragte Galba, der Nero im Seniorenalter als Kaiser folgte, den Haruspex Umbricius Melior über den Ausgang des Kampfes gegen den jungen und aufstrebenden Otho, einem Günstling Neros. Umbricius sagte Galba am Morgen des 15. Januar 69 aus den Eingeweiden eines Tieres mit klaren Worten sein Ende voraus:

> Er sehe darin Zeichen schwerer Wirren und einer durch Hinterlist über dem Haupte des Kaisers schwebenden Gefahr.
> (Plut. Galba 24; Übers. K. Ziegler)

Noch am gleichen Tag wurde Galba auf dem Forum Romanum am Lacus Curtius getötet (vgl. Plut. Galba 24; Tac. hist. 1,27,1).

Das sakrale Beamtenamt hatte im römischen Staat jedoch immer Priorität. Den Beamten oblag es, die Haruspices zu kontrollieren.[1] Im Gegensatz zu den etruskischen Priestern und Zukunftssehern war das Augurenamt im Selbstverständnis des gewaltigen römischen Reiches seit den sagenumwobenen Gründergestalten Romulus und Remus irreversibel verankert. Ausgestattet waren sie mit dem Lituus, einem gekrümmten Stab, der dem christlichen Bischofsstab ähnelt. Ob dieser tragenden Rolle war dieses Amt im traditionellen *cursus honorum*, der allgemein üblichen Ämterlaufbahn, fest verankert. Jeder, der in der Politik Karriere machen wollte, musste einmal Augur gewesen sein. Das Amt des Sehers war ein öffentliches Amt. Daher befanden sich unter denen, die es bekleideten, Feldherren und berühmte Staatsmänner wie Lucullus, Cicero, Iulius Caesar und schließlich Octavian, der spätere Kaiser Augustus. Viele dieser Auguren bekleideten mehr oder weniger aus einem politischen Kalkül heraus dieses Amt. Und dennoch berichtet Plutarch, dass der große Feldherr Aemilius Paulus, der im Dritten Makedonischen Krieg Persus besiegt hatte, sich sehr gewissenhaft in die Augurenkunst hat einweisen lassen (Plut. Aem. 3). Ebenso hat Cicero das Amt außergewöhnlich ernst genommen – sonst hätte er sich wohl kaum mit den römischen und etruskischen Seherriten oder mit den Glaubensfragen der griechischen Philosophie auseinandergesetzt. Cicero lässt in seinen persönlichen Briefen durchblicken, dass es auch eines besonderen vernunftbetonten Charakters bedarf, die Vertrauensstellung eines Auguren auszuüben. Er gibt sogar in wenigen Briefen das Geheimnis preis, wie er und mit ihm vielleicht viele vor und nach ihm zu den Weissagungen gekommen sind:

> Habe ich, [...] selbst Augur in unserem Staatswesen, durch diese meine früheren Prognosen die Zuverlässigkeit meiner Weissagekunst und meines Ahnungsvermögens bei Dir fest verankert, so musst Du auch jetzt zu meiner Prophezeiung Vertrauen haben. Nicht also aus dem Flug des Vogels, nicht aus dem Schrei des Raben zur Linken, wie bei unserer Zunft, noch aus dem Fressen

[1] Vgl. Seeck 1921, 110f.

> der Hühner und dem mehr oder weniger geräuschvollen Niederfallen der Körner dabei prophezeie ich Dir; ich habe andere Zeichen, auf deren Beobachtung ich mich stütze, die zwar auch nicht unfehlbarer, aber doch weniger dunkel und irreführend sind als jene. Kenntlich werden mir die Zeichen für meine Prognose auf zwiefache Weise: einmal bietet Caesar sie mir selbst; zum andern entnehme ich sie dem natürlichen Gang der politischen Ereignisse.
> (Cic. fam. 6,5,7; Übers. H.Kasten)

Cicero bekommt die Weissagungen also durch das pragmatische Beobachten der Staatsverhältnisse. Das Augurenamt zog jedoch auch lästige gesellschaftliche Pflichten nach sich, wie z.B. das Augurendiner, das auf den heute noch sprichwörtlichen Lucullus zurückgehen soll:

> Auf diese Gerichte bin ich beim Augurendiner bei Lentulus hereingefallen und daraufhin hat mich eine so furchtbare Diarrhoe befallen, dass sie sich erst heute zu beruhigen scheint.
> (Cic. fam. 7,24,1–2; Übers. H. Kasten)

Zu Caesars Taktik gehörte es dagegen, Senatoren und Praetoren auch mit Priesterämtern zu belohnen und sich in erster Linie dadurch beliebt zu machen. Damit sorgte er dafür, dass speziell die Anzahl des Kollegiums der Augures erhöht wurde, und ließ den Gedanken fallen, die Priesterämter sämtlich selbst zu übernehmen (Cass. Dio. 42,3–4). Caesar hatte zwar wohl die tragende sakrale Bedeutung des römischen Priestertums für das römische Staatsverständnis erkannt, jedoch für seine Politik nicht konsequent umgesetzt. Dies gelang erst Octavian, der das besondere Gewicht auf eine sakrale Absicherung des römischen Staates legte, der nach außen hin wie eine Erneuerung der römischen Republik wirken sollte. Hatte sich Cato noch über die Haruspices mokiert (siehe oben), so hatte der junge Princeps Augustus per Dekret verfügt, die Haruspices einer Kontrolle zu unterziehen, um die falschen von den echten trennen zu können. Ferner hat er alle unglaubwürdigen und von unbekannten Verfassern geschriebenen griechischen und lateinischen Orakelbücher verbrennen lassen. Einzig eine bestimmte Auswahl der Sibyllinischen Bücher in zwei vergoldeten Kapseln unter dem Fußgestell des Palatinischen Apollon behielt er (Suet. Aug. 31,1–2). Es gab zwar auch weiterhin Augures, doch die sakrale Repräsentanz vermochte Augustus in einem von ihm geschaffenen Kaiserkult zu vereinen.[1] Die Hinzuziehung von Haruspices scheint zu Beginn der Kaiserzeit nicht mehr üblich gewesen zu sein. Jedoch zeigte sich weiterhin ein Interesse am Bestand der etruskischen Priester, sodass Claudius diese altrömische Tradition wieder reanimierte (Tac. ann. 11,15). Das Festhalten an der Weissagekultur der Haruspices hat sich im Gegensatz zu den römisch-staatlichen Seherämtern erstaunlich lange gehalten, bis schließlich offiziell auf dem Konzil von Toledo unter Papst Honorius I. 633 n. Chr. den Bischöfen verboten wurde, sich von Haruspices beraten zu lassen.[2] Ab diesem Zeitpunkt verloren nach den römisch-griechischen Orakelpriestern und den römischen Auguren auch die Haruspices an Bedeutung.

Zusammenfassend ist zu betonen, dass die oft tragischen Seherfiguren trotz ihrer göttlichen Gabe als fehlbare und fühlende Menschen dargestellt werden, um sie so von den Göttern abzugrenzen, so z.B. die zornige Sibylle oder der vor Gram leidende Kalchas.

Zudem ist es erstaunlich, dass in Griechenland gerade Frauen, ob als „Gottesbesessene" wie die Sibylle oder als Teil einer Orakelzeremonie wie die Pythia, als Sprecherinnen der Götter in die Geschichte eingingen. Vermutlich liegt das daran, in der nicht gebildeten und sexuell unberührten Frau eine göttliche Ursprünglichkeit erkennen zu wollen – eine Vorstellung, die nicht nur den römischen Vestalinnenkult überdauerte, sondern noch heute im Priester- und Mönchtum fortlebt. Dies könnte auch ein Grund sein, warum gerade die Gestalt der Sibylle eher einen Sibyllenenkult auslöste und nicht beispielsweise die in erotischen Konturen

1 Holzbach 2006, 232ff.
2 Figl 2003, 179.

gezeichnete Kassandra. Offenbar waren den gut ausgebildeten Priestern die teils einfältigen Erwartungen der Bittsteller und die Tragweite ihrer Entscheidungen schon bewusst, was ja auch Cicero gewissermaßen im Kreise seiner Freunde kundtat, ohne den Kult an sich verunglimpfen zu wollen. Dass ein gewisser heiliger Brauch eine nicht zu verachtende Bedeutung für den Menschen hat, zeigt der Kult, der sich um den Seher Marcius entwickelt hat. Er war wichtig, um den römischen Bürgern einen Raum für ihre Ängste und Dankbarkeit und ein Gemeinsamkeitsgefühl in den schweren Kriegszeiten zu geben.

Dennoch hat schon in der Frühzeit der griechischen Literatur der große Komödiendichter Aristophanes, der für seine mitunter derben Späße bekannt ist, es sich nicht nehmen lassen, den ganzen Orakelbetrieb auf die Schippe zu nehmen.

Chor: Laßt uns in festlichem Zug den Göttern zu Ehren wallen!
Und ich denke, wir schlachten auch ihnen zum Danke
Ein Böckchen!
So töne, töne, töne pythischer Gesang!
Und pfeifen mag zum Lied auch Chairis!
Ein Rabe fängt an, Mißtöne zu blasen

Peithetairos: *zum Raben*: Hör auf zu blasen! Wetter, was ist das?
Beim Zeus, ich sah schon viel und närr'sche Dinge,
Doch einen Maulkorbflötenraben nie!
zum Priester: Auf, Priester, opfre jetzt den neuen Göttern!

Priester: Sogleich! Wo ist der Bursche mit dem Korbe?

Der Sklave mit dem Korb tritt vor den Priester, nimmt Fleisch usw. heraus

Lasst uns beten:
Jetzt betet zur geflügelten Hestia und zum herdbeschirmenden Weihen,
zu den olympischen Vögeln und Vögelinnen, zu jeder und jedem...

Peithetairos: Heil dir auf Sunion, Seeschallbeherrscher!
Priester: ...und zum pythischen und zum dehlischen Schwan,
zur Wachtelmutter Leto und zur Waldschnepfe Artemis ...
Peithetairos: Waldfürstin einst, Waldschnepfe jetzt, erhör uns!
Priester: Und zu dem Spatzen Sabazios und zur Straußin, der großen
Mutter der Götter und der Menschen....
Peithetairos: ... und Kleokrits! Heil dir!, Straußin Kybele!
Priester: Verleiht den Wolkenkukusburgern Gesundheit und Segen,
Ihnen und Chiern!
Peithetairos *lachend*: Die Chier sind doch immer mit dabei!
Priester: Betet auch zu den Vogelheroen und ihren Kindern,
zum Strandreiter und zum Pelikan, zum Steißfuß und zur Kropfgans.
zum Perlhuhn und zum Pfauen, zum Kauz und zur Trappe,
zum Krabbentaucher, zum Reiher, zum Urubu und zum Luruku,
zur Blaumeise und zur Kohlmeise –
Peithetairos: Zum Geier, schweig mit Deinem: zumzumzum!
Schau doch das Opfer an, zu dem du Narr
Seeadler lädst und Falken! Siehst du nicht:
Ein einz'ger Weihe fräße das Jahr auf!
Geh fort mit Deiner Priesterbinde, geh!
Ich will das Opfer schon allein verrichten.
Priester ab
(Aristoph. Av. 862–902; übers. v. L. Seeger)

2.
Biblische Propheten

Vor allem in Krisenzeiten werden Weissager zu Rate gezogen. Im alten Griechenland und dann im römischen Reich versuchten Menschen in einer bestimmten Angelegenheit in den Dialog mit Gott zu treten, mittels der Seher und Priester, die die Sinnsprüche meist zu deuten hatten. Mitunter gab es auch Prophezeiungen, die wohl mehr taktischen und politischen Überlegungen entsprangen. Legendär ist etwa die Prophezeiung des Kommandanten Josephus, des späteren Josephus Flavius, der, während eines entscheidenden Zeitpunktes im Niederschlagungskampf der Römer gegen die Juden, dem Heerführer Vespasian die Kaiserwürde prophezeite (Ios. bell. Iud 3,399–408). Wichtig bleibt aber, dass die Seherfähigkeit als eine von einem Gott verliehene Kompetenz gesehen wurde, um sich so den Menschen bemerkbar zu machen. Nicht ohne Grund stellt Heraklit klar, dass Sibylles Stimme durch Gott bewegt wird (Herkl. fr. B92). Bei den biblischen Propheten verhält sich dies allerdings genau anders herum, Gott versucht mittels der Propheten mit den Menschen in den Dialog zu treten und nicht umgekehrt. Gerade die dargestellten menschlichen Belange des jeweiligen biblischen Propheten werden jedoch in ihrer oft markanten Widerwilligkeit und Eigensinnigkeit gegenüber ihrem göttlichen Auftrag zum allgemeinen Paradigma des Menschseins auf der Suche nach dem wahren Glauben. So beschwert sich beispielsweise Jeremia, das er ehelos bleiben soll, Jona grollt mit der göttlichen Entscheidung, Ninive nicht zu zerstören, und Elija hadert voll Selbstzweifel mit sich selbst (1 Kön 19,3–5).

Während also die Darstellungen der klassisch-antiken, vor allem griechischen Sehergestalten in ihren meist tragischen menschlichen Belangen ihre Bedeutung in einem bestimmten geschichtlichen Kontext haben, so weisen die biblischen Propheten als Beauftragte Gottes auf die zeitungebundene Glaubenswirklichkeit dieses einen Gottes hin. So hat Abraham als Patriarch in der von Gott auferlegten Prüfung, dass er seinen Sohn Isaak auf dem Altar opfern sollte – was jedoch im letzten Moment zurückgenommen wurde – durch sein gehorsames Leben prophetisch gehandelt (Gen 22,1–19), genauso wie Mose, der in der alttestamentarischen Darstellung die Gebote von Gott erhält und somit den göttlichen Willen offenbart (Ex 20,2–17; Dtn 5,6–21). Im Neuen Testament konkretisierte sich die Prophetie vom wahren Glauben in der Botschaft der kommenden und schon begonnenen Königsherrschaft Gottes durch Jesus. Und da in der biblischen Bedeutung die Prophetie in Jesus als abgeschlossen gilt, treten die neutestamentlichen Propheten hinter ihrer Verkündung der Frohen Botschaft zurück.[1] Andererseits wird zugleich in orakelhaften Losentscheidungen der Wille Gottes gesucht. Im Neuen Testament ist die Loswahl des Matthias zum Apostel bekannt (Apg 1,26). Wie Tacitus berichtet, wurde selbst bei den Germanen neben der Deutung des Vogelflugs auch auf Losentscheidungen innerhalb eines sakralen Ritus besonderer Wert gelegt (Tac. Germ. 10). Josua, als Geführter Gottes, der mit seiner Hilfe Kanaan und somit auch Jericho erobert hat, konnte durch Losentscheid den Schuldigen namens Achan ermitteln, der sich bei der Befreiung Jerichos am Weiheschatz vergriffen und so den unheilvollen Zorn Gottes auf das Volk Israel gezogen hatte (Jos 7,1). Ferner konnte die Landverteilung ebenfalls durch Losentscheid beschlossen werden (Jos 15–19). Interessant ist die Überlieferung von bestimmten Steinen, Urim und Thummin (Licht und Recht), die nachweislich in der davidischen Zeit im Gebrauch der Hohepriester waren. Sie wurden dazu verwendet, besondere Entscheidungen aufgrund des durch sie erfragten Willens des Gottes Israels zu treffen (Ex 28,30; Lev 8,8).

[1] Propheten wie Agabus Simon, Simeon, Luzius von Zyrene; Apg 13,1.

Während die alttestamentlichen Bücher den Akzent darauf setzten, dass die Menschen und die Verkünder der göttlichen Botschaft im Kontakt mit dem Herrn überwältigt werden (wie beispielsweise Bileam, der als falscher Prophet durch die direkte Begegnung mit dem Herrn zum wahren Propheten wird), tritt Gott durch Jesus und durch seine Anhänger in den direkten Dialog mit den Menschen. Auch der Kampf gegen falsche Prophetie, der besonders gegen die Berufspropheten geführt wurde (Jes 28,7; Jer 6,13; Mi 3,5.11; 2Kön 5,16), wird hinsichtlich eines falsch gedeuteten Machtanspruchs der Glaubenswirklichkeit durch Jesus Christus, die von einigen Zeitzeugen sogar in der Nähe der Magie vermutet wurde, im Urchristentum weitergeführt.[1] Besonders in der Apostelgeschichte wird klar die Bedeutung des Heiligen Geistes von der Magier- und Wahrsagekunst unterschieden. Denn allein der Glaube an die Königsherrschaft Gottes durch Jesus Christus ist einziger Zugang zur Taufe und zur Aufnahme des Heiligen Geistes[2]. Auch die apokalyptischen Zukunftsvisionen des Alten Testaments (vor allem Daniel und Esra) werden im Buch der Offenbarung des Johannes[3] in Beziehung zur Heilsvollendung durch Jesus Christus gebracht, in der Spannung zwischen Heilsgewissheit und Vorläufigkeit der Gegenwart. Auf dem Boden weisheitlichen und gerichtsprophetischen Denkens und der zusätzlichen Radikalisierung der Heilsprophetie des Deuterojesaja mit den Evangelien vollendet sich die jesuanische Botschaft vom Anbruch der Gottesherrschaft[4].

---

[1] Schon Lucian von Samosta bezeichnete Jesus als einen Magus; vgl. Lukian. Peregr. 11; vgl. z.B. die Auseinandersetzungen mit Simon dem Zauberer; vgl. Apg 8,9ff.

[2] Vgl. Holzbach 2006, 280.

[3] Von diesem Johannes aus Patmos selbst ist allerdings wenig bekannt. Die Angaben im Buch der Offenbarung reichen nicht aus, um diesen Seher ausreichend identifizieren zu können. Es wird angenommen, dass er in kleinasiatischen Gemeinden „eine bekannte und anerkannte Persönlichkeit" war; vgl. Giessen 2004, 135f.

[4] Vgl. Dormeyer 1990, 96f.

Bileam, Irrlehrer und Bote Gottes (Num 22–24,31)

Das Urchristentum hatte ein zwiespältiges Verhältnis zu diesem Weissager (2 Petr 2,16, Jud 11, Offb 2,14). Umso erstaunlicher ist es, dass Bileam trotzdem zu einem beliebten Motiv in der Kirchenbaukunst wurde. Betritt man nämlich die romanische Kathedrale im burgundischen Autun, begegnet dem aufmerksamen Besucher auf einem Kapitell ein besonderes Motiv: ein alter Mann mit einem Esel. In ähnlicher Positionierung lässt sich dieses Motiv zum Beispiel auch in der Liebfrauenbasilika in Maastricht oder an der rechten Flügeltür der berühmten Basilika San Zeno Maggiore in Verona auffinden, aber auch im Kreuzgang der auf einem antiken Apollo-Tempel (!) errichteten ehrwürdigen Kathedrale Saint-Sauveur in Aix-en-Provence. Das deutet darauf hin, dass Bileam, trotz seines Rufes für die Christen als falscher, törichter Prophet zu gelten, eine tragende Funktion im Kirchenverständnis des 12. Jahrhunderts gespielt haben muss.

Bileam stammt aus dem am Euphrat gelegenen persischen Petor (Num 22,5). Von seinen Eltern ist der Name des Vaters, Beor, überliefert (Dtn 23,5). Bileams Weissagekunst wurde offenbar gerühmt und gefürchtet (Num 22,6), denn seine Fluchurteile schienen stets eine besondere Wirkung auszuüben. Seinerzeit wurde allein schon in der Aussprache eines Fluchs eine besondere magische Wirkung gesehen. So sind Fluchtafeln überliefert, wie z.B. „Danae, die jüngst in den Sklavenstand des Captio gekommen ist. Empfange sie als Opfer und verzehre die Danae“ (CIL I2 1013) oder „Wie der Tote, der dort bestattet ist, der weder sprechen noch sich unterhalten kann, so soll Rhodine bei M. Licinius Faustus tot sein und weder sprechen und sich unterhalten können“ (CIL I2 1012). Wenn also gewöhnliche Bürger darauf hoffen konnten, mit ihren Flüchen Erfolg zu haben, welche Tragweite besaß dann erst recht ein ausgesprochener Fluch von einem anerkannten Weissager? Das dachte sich auch der Moabiterkönig Balak, der seinem Vater Zippor auf den Thron folgte und nun seine Herrschaft durch das stetige Vorpreschen der Israeliten bedroht sah. Er schickte nach Bileam mit dem Ziel, dass dieser durch einen Fluch die Israeliten stoppen möge. Es kommt zu einer Vision eines Dialogs zwischen Bileam und Gott, in der Bileam ihn über die Situation aufklären muss und Gott ihm heißt, dieses Volk nicht zu verfluchen, da es gesegnet sei. Bileam, der dem göttlichen Rat zunächst Folge leistet, wird vom König Balak mit verlockenden Aussichten reicher Entlohnung zu dieser Handlung abermals gedrängt. Diesmal rät Gott Bileam bei einer weiteren Erscheinung, sich den Hofleuten auf ihrem Weg nach Moab anzuschließen. Auf dem Weg dorthin wurde Bileam als Ausdruck des göttlichen Zorns von einem Engel in feindlicher Absicht angehalten (Num 22,22), was aber nur sein Esel bemerkte, der ihm auswich. Bileam zwang den Esel schließlich, diesen Weg zu gehen und führte ihn an eine enge Stelle, in der er keinen Richtungswechsel vornehmen konnte. Erneut sah der Esel den Engel und ging vor ihm in die Knie und Bileam schlug ihn deswegen. Der Engel „öffnete dem Esel den Mund" und erklärte ihm die Situation (Num 22,28), sodass Bileam dann auch den Engel erblicken konnte. Bileam erklärte bei seiner Rückkehr dann seinerseits Balak, dass er nur das tun könne, was Gott ihm aufgetragen habe und ließ sieben Altäre aufbauen, mit je einem Widder und einem Stier als Opfergabe. Durch diese Tat zeigte sich Gott Bileam noch einmal und beauftragte ihn, eine bestimmte Botschaft zu verkünden. Daraufhin sprach Bileam vor der Opfergabe und in Gegenwart der Hofleute Moabs diesen Orakelspruch:

> Aus Aram führte mich Balak her, der König von Moab vom Ostgebirge: Geh, verfluche mir Jakob! Geh, drohe Israel!« Doch wie soll ich verwünschen, wen Gott nicht verwünscht, wie sollte ich drohen, wem Jahwe nicht droht?" Denn vom Gipfel der Felsen sehe ich es, von den Höhen aus erblicke ich es: Dort ein Volk, es wohnt für sich, es zählt sich nicht zu den Völkern.

> Wer zählt Jakobs Menge, zahlreich wie Staub, wer die Zehntausende Israels? Oh könnte ich den Tod der Gerechten sterben, und wäre mein Ende dem seinen gleich. (Num 23,7–10, EÜ)

Balak fühlte sich vor den Kopf gestoßen und versuchte trotzdem, Bileam zu überzeugen, indem er ihn auf das Späherfeld nach Pisga mitnahm, um dort wieder sieben Altäre errichten zu lassen mit je einem Widder und Stier als Opfertier. Wieder in der Gegenwart der Hofleute von Moab verkündete Bileam den von Gott kommenden Orakelspruch:

> Auf, Balak, höre, lausche mir, Sohn Zippors! Gott ist kein Mensch, der lügt, kein Menschenkind, das etwas bereut. Spricht er etwas und tut es dann nicht, sagt er etwas und hält es dann nicht? Sieh her, ich habe es übernommen zu segnen; so muss ich segnen, ich kann's nicht widerrufen. Man erblickt kein Übel in Jakob, man sieht kein Unheil in Israel. Jahwe, sein Gott, ist bei ihm, seinem König jubelt Israel zu. Gott hat sie aus Ägypten geführt. Er hat Hörner wie ein Wildstier. Zauberei wirkt nicht gegen Jakob, Beschwörung hilft nicht gegen Israel. Jetzt sagt man zu Jakob, zu Israel: Was hat Gott getan? ein Volk wie ein Löwe, der aufsteht, wie ein Raubtier, das sich erhebt. Es legt sich nicht hin, bevor es die Beute gefressen und das Blut der Erschlagenen getrunken hat. (Num 23,18–24; EÜ)

Diese Szenerie wiederholte sich noch einmal, wodurch er einmal mehr den Zorn Balaks auf sich zog. Von Orakel zu Orakel setzte sich die Einsicht Bileams durch, dem Willen Gottes zu folgen und er erkannte im letzten Orakelspruch noch mehr die Sonderrolle des Volkes Israel an. Im letzten Orakel deutet Bileam die Zukunft Balaks:

> Ein Stern geht in Jakob auf, ein Zepter erhebt sich in Israel. Er zerschlägt Moab die Schläfen und allen Söhnen Sets den Schädel! Aus Jakob steigt einer herab und vernichtet alles, was aus der Stadt entkam… (Num 24,17–19; EÜ)

Wichtig ist, dass Bileam innerhalb mehrerer Visionen zu einem Werkzeug des Gottes Israels wurde, vom Magier, der im Auftrag ein Volk zu verfluchen hatte, zu einem Propheten des von Gott erwählten Volkes Israels. Eine gewisse Parallele zur Bekehrungsgeschichte des Christenverfolgers Saulus, der in der Darstellung des Lukas zum Werkzeug Gottes und so zum tragenden Verfechter des Wortes Gottes wurde, ist nicht abzustreiten (Apg 9). Auch er wird von der Allmacht Gottes überwältigt. Gerade in dem Zwiespalt zwischen politischem Kalkül, rationalem und göttlichem Willen tritt der Wunsch Gottes hervor, das Volk Israel unter besonderen Schutz zu stellen. Hierbei wird in der Proskynese, im Kniefall des Esels, die unmittelbare Erfassung der Kraft Jahwes für Bileam sichtbar gemacht; sie gibt ihm den Weg der Einsicht, nicht gegen Gott handeln zu können, vor. Zum Verfechter des Wortes Gottes wird Bileam letztlich dennoch nicht, im Gegensatz zu Paulus. Denn er rät später den Israeliten, von Gott abzufallen und sich zum moabtischen Gott Baal-Peor zu bekennen (Num 25). Anzunehmen ist, dass Bileam den Versuchungen entweder als Ausdruck seines wankelmütigen Charakters nicht widerstand oder aber, dass er der reichen Entlohnung letztendlich nicht standgehalten hat. Das ist jedoch Spekulation. Sicher ist nur, dass er schließlich von den Israeliten umgebracht wurde (Num 31,8).

Warum ist nun im 11. bis 12. Jahrhundert Bileam mit seinem Esel ein wichtiges Kunstmotiv gewesen? Während die häufig an den Außenwänden mancher Kathedralen zu findenden Dämonengestalten böse Geister abwehren sollen, dient die Darstellung des Bileam und seines Esels sicherlich als Hinweis, dass die Wirkung der Magie rein menschlichen Vorstellungen entspringt und nicht mit der Macht Gottes im Einklang steht. Besonders in Bileams Weissagehandlungen wird die heidnische Orakelwelt durch die Autorität des einen Gottes Israels aufgelöst, um die von Gott kommende Weisheit im Kontrast zur menschlichen Vorstellungskraft und Handlungsfähigkeit darzustellen.

Deborah, die prophetische Heerführerin (Ri 4–5)

Eine Prophetin, die singt und ein Heer anführt? Bei einer singenden Prophetin denkt man sofort an Mirijam, von der berichtet wird, dass sie bei der erfolgreichen Überquerung des Roten Meers durch die Israeliten die Pauke schlug und dazu tanzte. Ihr Leben endete jedoch mit Krankheit und Verbannung, weil sie Moses Führungsstil kritisierte (Ex 15; Num 12,20). Dennoch: eine Heerführerin, die nach einem erfolgreichen Unternehmen eine Siegeshymne anstimmt?

Deborah, aus den Gebirgen Ephraims (Mittelpalästina) kommend, betrat die prophetische Bühne gerade mit einer Kritik und begründete damit ihren Ruf als eine der entscheidenden Prophetinnen, die die Israeliten im Kampf gegen das kanaanäische Königtum zum Sieg führte und so als einzige Frau eine entscheidende Wegbereiterin des Königtum Israel wurde. Sie machte so ihrem Namen: „Deborah" = „Biene" als „Stechende" und „Honiggebende" alle Ehre.

Nachdem Josua, der Nachfolger des Mose, die Israeliten bei der Eroberung Kanaans anführte, gab es bis zur Gründung des Königtums Israel durch Saul ca. 1050 v. Chr. keine Staatsverfassung. Es gab allein das mosaische Gesetz, welches die Richter zu bewahren hatten, im Geiste der Überzeugung des von Gott erwählten Volkes und der Kraft der dadurch begründeten Eroberungshaltung. In gewisser Weise kann im Richteramt eine Vorstufe des israelitischen Königsamtes gesehen werden. Aus dem Munde der Richter wurde im Namen Gottes geurteilt und einige traten aufgrund ihrer Entscheidungen als Propheten in Erscheinung und wurde als solche verehrt.

Mit dem Tod des Richters Ehud trat Deborah als Nachfolgerin auf (Ri 4,1). Warum gerade eine Frau zu dieser Zeit in das Richteramt berufen wurde, darüber kann man nur spekulieren. Jedenfalls blieb sie in der Folgezeit die einzige Richterin, die im Buch der Richter erwähnt wird. In ihre Amtszeit fielen die Auseinandersetzungen zwischen ihrem Volk der Israeliten und der Gewaltherrschaft des Königs von Kanaan. Es war ein Konflikt, in den sich die Israeliten der Erzählung zufolge selbst gebracht hatten. So war die Unterdrückung die Folge einer göttlichen Bestrafung, da das Volk Israel nach seinen eigenen Bestimmungen handelte und sich so von seinem Gott abwandte. Um diesen Missstand zu lösen und das Volk Israel wieder auf den Pfad seines göttlichen Auftrags zu bringen, wandte sich Deborah an den Strategen Barak, der den Kampf gegen die Soldaten des Königs Jabin aufnehmen sollte. Und sie verhieß den Sieg:

Der Herr, der Gott Israels, befiehlt: Geh hin, zieh auf den Berg Tabor und nimm zehntausend Naftaliter und Sebuloniter mit dir! [...] ich gehe mit dir, aber der Ruhm bei dem Unternehmen, zu dem du ausziehst, wird dann nicht dir zuteil; denn der Herr wird Sisera der Hand einer Frau ausliefern. (Ri 4.6–9; EÜ)

Was sich dann ereignete, war ungewöhnlich. Barak wollte nur in Begleitung Deborahs in den Kampf ziehen. Ob es ausgeprägter Glaube oder strategische Taktik war, sich in der Anwesenheit Deborahs der moralischen Kraft und Gegenwart Gottes zu bemächtigen, kann nicht geklärt werden. Mit Deborahs Einsatz gelang unzweifelhaft der Sieg der Israeliten gegen die Kanaaniter. Sie war mit neunhundert eisernen Streitwagen in den Kampf gezogen. Unerbittlich war die Verfolgung von Jabins Truppen und abenteuerlich die Flucht von Sisera, dem Hauptmann von Jabins Armee. Er wurde durch eine listige Tat Jaëls, einer Angehörigen des nomadischen Stamms der Keniter, im Schlaf getötet. Jedenfalls begann mit diesem Sieg der Ruhm Deborahs als wegweisender Prophetin des Willen Gottes für das Volk Israel. Das Lied, das Deborah mit Barak nach dem Sieg anstimmte, förderte nicht zuletzt den Mythos um den göttlichen Erwählungsanspruch der Israeliten.

Hört, ihr Könige, horcht auf, ihr Fürsten! Ich will dem Herrn zu Ehren singen, ich will zu Ehren des Herrn, / des Gottes Israels, spielen. Herr, als du auszogst aus Seïr, / als du vom Grünland Edoms heranschrittest, / da bebte die Erde, die Himmel ergossen sich, / ja, aus den Wolken ergoss sich das Wasser. Die Berge wankten vor dem Blick des Herrn, / vor dem Blick des Herrn, des Gottes Israels. In den Tagen Schamgars, des Sohnes des Anat, / In den Tagen Jaëls lagen die Wege verlassen da; / wer unterwegs war, musste Umwege machen. Bewohner des offenen Landes gab es nicht mehr, / es gab sie nicht mehr in Israel, / bis du dich erhobst, Debora, / bis du dich erhobst, Mutter in Israel. Man hatte sich neue Götter erwählt. / Es gab kein Brot an den Toren. / Schild und Speer waren nicht mehr zu sehen / bei den Vierzigtausend in Israel. Mein Herz gehört Israels Führern. / Ihr, die ihr bereit seid im Volk, / preist den Herrn! Ihr, die ihr auf weißen Eselinnen reitet, / die ihr auf Teppichen sitzt, / die ihr auf der Straße dahinzieht, singt! Horch, sie jubeln zwischen den Tränken; / dort besingt man die rettenden Taten des Herrn, / seine hilfreiche Tat an den Bauern in Israel. / Damals zog das Volk des Herrn hinab zu den Toren. Auf, auf, Debora! Auf, auf, sing ein Lied! / Erheb dich, Barak, / führ deine Gefangenen heim, / Sohn Abinoams! Dann steige herab, / was übrig ist unter den Herrlichen des Volkes. / Der Herr steige herab / mit mir unter den Helden. Aus Efraim zogen sie hinunter ins Tal, / hinter ihnen Benjamin mit seinen Scharen; / von Machir stiegen die Führer hinab, / von Sebulon die, die das Zepter tragen. Die Fürsten Issachars zusammen mit Debora / und wie Issachar so auch Barak, / ins Tal getragen von seinen Füßen. / In Rubens Bezirken / überlegte man lange. Warum sitzt du zwischen den Hürden / und hörst bei den Herden dem Flötenspiel zu? / In Rubens Bezirken / überlegte man lange. Gilead bleibt jenseits des Jordan. / Warum verweilt Dan bei den Schiffen? / Ascher sitzt am Ufer des Meeres, / bleibt ruhig an seinen Buchten. Sebulon ist ein Volk, / das sein Leben aufs Spiel setzt, / auch Naftali auf den Höhen des Feldes. Könige kamen und kämpften, / damals kämpften Kanaans Könige / in Taanach, an den Wassern Megiddos, / doch Beute an Silber machten sie nicht. Vom Himmel her kämpften die Sterne, / von ihren Bahnen aus kämpften sie gegen Sisera. Der Bach Kischon schwemmte sie fort, / der altberühmte Bach, der Bach Kischon. / Meine Seele soll auftreten mit Macht. Damals stampften die Hufe der Pferde / im Jagen, im Dahinjagen der Hengste. Ihr sollt Meros verfluchen, / spricht der Engel des Herrn. / Mit Flüchen flucht seinen Bewohnern; / denn sie kamen dem Herrn nicht zu Hilfe, / zu Hilfe dem Herrn unter den Helden. Gepriesen sei Jaël unter den Frauen, / die Frau des Keniters Heber, / gepriesen unter den Frauen im Zelt. Er hatte Wasser verlangt, sie gab ihm Milch, / in einer prächtigen Schale reichte sie Sahne. Ihre Hand streckte sie aus nach dem Pflock, / ihre Rechte nach dem Hammer des Schmieds. / Sie erschlug Sisera, zermalmte sein Haupt, / zerschlug, durchbohrte seine Schläfe. Zu ihren Füßen brach er zusammen, fiel nieder, lag da, / zu ihren Füßen brach er zusammen, fiel nieder. / Wo er zusammenbrach, da lag er vernichtet. Aus ihrem Fenster blickt Siseras Mutter / und klagt durch das Gitter: / Warum säumt sein Wagen zu kommen, / warum zögert der Hufschlag seiner Gespanne? Eine Kluge aus ihren Fürstinnen antwortet ihr, / und sie selbst wiederholt deren Worte: Sicher machen und teilen sie Beute, / ein, zwei Frauen für jeden Mann, / Beute an Kleidern für Sisera, / Beute an Kleidern, / für meinen Hals als Beute ein, zwei bunte Tücher. So gehen all deine Feinde zugrunde, Herr. / Doch die, die ihn lieben, sind wie die Sonne, / wenn sie aufgeht in ihrer Kraft. Dann hatte das Land vierzig Jahre lang Ruhe.

(Ri 5,3–31; EÜ)

In der Person der Deborah lässt sich das Modell der prophetischen Heerführerin als entscheidende moralische Unterstützung der Truppen erkennen, das z.B. auch in der Person der Johanna von Orleans (siehe S. 88ff.) zu erkennen ist.

Eli und Samuel und der moralische Anspruch des Königs Israels (1 Sam, 1–28)

Die Bedeutung und historische Existenz der Bundeslade ist weitläufig bekannt. Sie gehört zu den sagenumwobenen Symbolen der Stammesvorstellung des israelitischen Volkes.

Ihre symbolische Bedeutung war auch den konkurrierenden Völkern bewusst. So war der Raub der Bundeslade durch die Philister, denen die Israeliten in mehreren kriegerischen Auseinandersetzungen unterlagen, besonders schmerzlich.

In dieser Zeit war der Hohepriester Eli Richter. Ähnlich wie bei der Erzählung um Deborah geht es auch hier um den moralischen Anspruch des Israelitischen Volkes, geleitet von seinem Stammesgott. Am Beispiel Elis wird kurz vor dem Entstehen des Königtums Israel aufgezeigt, dass die Führung des Landes von der gottgefälligen Einhaltung eines ethischen Anspruchs abhängt und weniger von angemaßten machtpolitischen Überlegungen[1], wie es den mit ihnen konkurrierenden Völkern gleichkommt: Der gottgefällige moralische Anspruch des Volksführers wird über den Gedanken der Machtvererbung gestellt, wie sie allgemein in Monarchien üblich ist. So wird der frühe Tod der beiden Söhne Elis, Hofni und Pinhas, die in den Kämpfen gegen die Philister fallen, genauso als Ausdruck des göttlichen Willens gedeutet wie der Tod der Nachkommen von Elis Nachfolger Samuel, da sie ein unmoralisches Leben führten und deswegen ungeeignet waren, die Vertrauensstellung des religiösen Führers zu bekleiden. Um den moralischen Aspekt als besondere Führungseigenschaft begreiflich zu machen, beginnt die Berufung Samuels mit Gotteserscheinungen, die Samuel nicht zu deuten vermag, da, so die Erzählung, das Wort des Herrn ihm noch nicht offenbart worden ist (1 Sam 3,7). Stets ist Samuel, der im Tempel in Schilo von der Stimme des Herrn geweckt wird, der Meinung, dass sein Herr Eli ihn gerufen habe. Erst als Samuel Eli zum dritten Mal aufsucht, in der Überzeugung, er habe ihn gerufen, kann Eli dies richtig deuten und trägt ihm auf, zu sagen: „Rede, Herr; denn Dein Diener hört!“ (1. Sam 3,9). In der darauffolgenden Nacht kommt es zur entscheidenden orakelähnlichen Zukunftsvision von Samuel.

1 Dormeyer 2011, 287.

> Der Herr sagte zu Samuel: Fürwahr, ich werde in Israel etwas tun, sodass jedem, der davon hört, beide Ohren gellen. An jenem Tag werde ich an Eli vom Anfang bis zum Ende alles verwirklichen, was ich seinem Haus angedroht habe. Ich habe ihm angekündigt, dass ich über sein Haus für immer das Urteil gesprochen habe wegen seiner Schuld; denn er wusste, wie seine Söhne Gott lästern, und gebot ihnen nicht Einhalt. Darum habe ich dem Haus Eli geschworen: Die Schuld des Hauses Eli kann durch Opfer und durch Gaben in Ewigkeit nicht gesühnt werden. (1 Sam 3,11–14; EÜ)

Nach der Niederlage der Israeliten gegen die Philister wurde in der Herbeischaffung der Bundeslade aus Schilo eine Wiederherstellung des Nationalgefühls des Zwölfstämmevolkes erhofft, kraft ihres Gottes. Auch die Philister waren der Überzeugung, dass durch dieses nationale Symbol die Kraft des Volkes Israel wiederhergestellt würde, und in der geglückten Überführung der Bundeslade aus Schilo sahen sie ein für ihr Volk unheilvolles Vorzeichen. So wurde die Lade erbeutet, und die Söhne Elis wurden gemäß der Weissagung getötet.

Unter der Führung Samuels kam es schließlich zu der erfolgreichen Vertreibung der Philister. Bezeichnend ist, dass Samuel ein anfänglicher Gegner eines Königtums Israel war, der sich jedoch dem Willen Gottes stets beugte. Er wollte dem Rat folgen, dem Wunsch des Volkes zu genügen und einen König einzusetzen. Im Volk war wohl die Überzeugung gewachsen, dass ein König die menschlichen Belange, die weltliche Ordnung im Einklang mit dem göttlichen Gesetz, besser verteidigen und repräsentieren kann. Samuel wählte noch vor seinem Tod aus eigenem Entschluss Saul zum König, was sich unglücklicherweise als Fehlgriff erwies. Wenig staatsklug fühlte sich Saul von der Popularität Davids hin- und hergerissen zwischen Eifersucht und Bewunderung. Auch muss Gott das Tun Sauls missbilligt haben, denn Saul erhielt von Jahwe keine Antwort, nachdem er wissen wollte, wie die Schlacht gegen die Philister unter seiner Führung ausgehen würde. So suchte er schließlich die Zauberin En-Dor auf, die ihm den Geist Samuels heraufbeschwor. Dieser teilte ihm mit, dass der Herr von ihm abgefallen sei und David als König auserkoren hätte.

Wichtig ist es hier festzuhalten, dass in dem Weissagungsgeschehen um den Propheten Eli die notwendige sakrale Absicherung als besondere Eigenschaft des Volksverständnisses, personifiziert in der Rolle des Hohepriesters und Richters, für das jüdische Monarchieverständnis anklingt. Es ist Aufgabe des Volksführers, nach den moralischen Maßstäben Gottes zu handeln und zu urteilen – Eli hätte etwas gegen seine Söhne unternehmen sollen, um sein Volk nicht ins Unglück zu stürzen. Samuel stellt im Kontrast zu Eli einen Führer dar, der genauer das Wort des Herrn befolgt, aber menschlich fehlen kann, wie es sich mit der Wahl Sauls zum König zeigte.

Eli starb als achtundneunzigjähriger erblindeter Mann. Er fiel rückwärts vom Stuhl und brach sich den Hals, nachdem er von den Niederlagen erfahren hatte, besonders von dem Verlust der Bundeslade und dem Tod seiner Söhne. So erfüllte sich die Weissagung. Dagegen starb Samuel während der Regentschaft Sauls in seinem Haus in Rama im Beisein des ganzen Volks Israels (1 Sam 25,1).

Die Worte des Gebets Hannas am Anfang des Buches Samuel, die aufgrund der Fürsprache Elis ihrem Mann, Elkana, das ersehnte Kind schenkte und dieses Samuel nannte, machen die Rolle Gottes und die Handlungsmöglichkeiten des von Gott erwählten Volkes deutlich, das sich in diesem Rahmen zu bewähren hat.

> Mein Herz ist voll Freude über den Herrn, große Kraft gibt mir der Herr. Weit öffnet sich mein Mund gegen meine Feinde; denn ich freue mich über deine Hilfe. Niemand ist heilig, nur der Herr; denn außer dir gibt es keinen (Gott); keiner ist ein Fels wie unser Gott. Redet nicht immer so vermessen, kein freches Wort komme aus eurem Mund; denn der Herr ist ein wissender Gott und bei ihm werden die Taten geprüft. Der Bogen der Helden wird zerbrochen, die Wankenden aber gürten sich mit Kraft. Die Satten verdingen sich um Brot, doch die Hungrigen können feiern für

immer. Die Unfruchtbare bekommt sieben Kinder, doch die Kinderreiche welkt dahin. Der Herr macht tot und lebendig, er führt zum Totenreich hinab und führt auch herauf. Der Herr macht arm und macht reich, er erniedrigt und er erhöht. Den Schwachen hebt er empor aus dem Staub und erhöht den Armen, der im Schmutz liegt; er gibt ihm einen Sitz bei den Edlen, einen Ehrenplatz weist er ihm zu. Ja, dem Herrn gehören die Pfeiler der Erde; / auf sie hat er den Erdkreis gegründet. Er behütet die Schritte seiner Frommen, doch die Frevler verstummen in der Finsternis; denn der Mensch ist nicht stark aus eigener Kraft. Wer gegen den Herrn streitet, wird zerbrechen, der Höchste lässt es donnern am Himmel. Der Herr hält Gericht bis an die Grenzen der Erde. Seinem König gebe er Kraft und erhöhe die Macht seines Gesalbten.
(1 Sam. 2,1–10; EÜ)

Ahija, der Bewahrer des wahren Glaubens

Ahija ist in frühen biblischen Erzählungen als Prophet erwähnt, der sowohl die Regentschaft Jeobeams als auch seine Absetzung geweissagt hat. Sein Wirken zeigt einmal mehr exemplarisch auf, dass auch ein gottgefälliger Regent die Unbill Gottes auf sich ziehen kann, wenn er sich von seiner Machtstellung zum eigenmächtigen Handeln verführen lässt.

Salomo hat der Erzählung zufolge ein entscheidendes göttliches Gebot übertreten, indem er siebenhundert fürstliche Frauen und dreihundert Nebenfrauen aus den Völkern der Moabiter, Ammoniter, Edomiter, Sidonier und Hethiter und selbst die Tochter des Pharao gehabt haben soll und sich dadurch auch ihren Religionen angenähert hat. Das Motiv der Gebotsübertretung wird damit noch verstärkt. Denn der Herr hatte den Israeliten aufgetragen, sich von fremden Völkern fernzuhalten, da sie „das Herz zu ihren Göttern zuwenden“ würden (1 Kön 11,1ff.). In dieser Hinsicht kommt die Offenheit für die Pflege der fremden Kultgötter einem

Verrat am Gott Israels gleich. Zudem wird der greise Salomo als unmündiger Staatslenker charakterisiert. So baute Salomo eine Kultstätte für Kemosch, den obersten Gott der Moabiter, und für Milkom, den Gott der Ammoniter, und reagierte nicht auf die mahnenden Worte seines Gottes, der ihm in Visionen erschien und ihm verkündete, dass nach seinem Tod sein Sohn ihm nicht nachfolgen werde.

Ahija und Jerobeam werden in diesem Zusammenhang als positive Gegenfiguren zum König Salomo gezeichnet. Der greise Salomo, dem das Gespür für den Willen des israelitischen Stammesgottes entglitten ist, erscheint charakterlich zunächst im Kontrast zu Jerobeam, welcher anfangs als ein rechtschaffener Mann gezeichnet wird, der vehement Salomos Götzendienerei beanstandete (1 Kön 11,26.28). Jedoch wurde erst Ahija mit seiner Prophezeiung, dass Jerobeam den Königsthron besteigen werde, zum Sprachrohr des Zornes und der Verheißungen Gottes, die bei Salomon ungehört blieben (1 Kön 11,9–13). So treffen Ahija und Jerobeam außerhalb Jerusalems zusammen, und es kommt zu einer bedeutungsvollen orakelähnlichen Handlung. Ahija nahm seinen neuen Mantel, zerriss ihn in zwölf Stücke und sprach:

> Nimm dir zehn Stücke; denn so spricht der Herr, der Gott Israels: Ich nehme Salomo das Königtum weg und gebe dir zehn Stämme. Nur ein Stamm soll ihm verbleiben wegen meines Knechtes David und wegen Jerusalem, der Stadt, die ich aus allen Stämmen Israels erwählt habe. Denn er hat mich verlassen und Astarte, die Göttin der Sidonier, Kemosch, den Gott der Moabiter, und Milkom, den Gott der Ammoniter, angebetet. Er ist von meinen Wegen abgewichen und hat nicht wie sein Vater David das getan, was mir gefällt; er hat meine Gebote und Satzungen übertreten. Doch werde ich ihm das Königtum nicht ganz wegnehmen. Wegen meines Knechtes David, den ich erwählt habe und der meine Befehle und Gebote befolgt hat, lasse ich ihm die Herrschaft, solange er lebt. Erst seinem Sohn werde ich das Königreich nehmen und dir zehn Stämme geben. Seinem Sohn werde ich einen einzigen Stamm geben, damit meinem Knecht David für immer eine Leuchte vor

> mir bleibe in Jerusalem, der Stadt, die ich erwählt habe, um auf sie meinen Namen zu legen. Dich aber will ich nehmen, damit du ganz nach deinem Begehren herrschen kannst; du sollst König von Israel sein. Wenn du nun auf alles hörst, was ich dir gebiete, auf meinen Wegen gehst und das tust, was mir gefällt, wenn du meine Gebote und Befehle befolgst wie mein Knecht David, dann werde ich mit dir sein. Ich werde dir ein Haus bauen, das Bestand hat, wie ich es für David gebaut habe, und dir Israel übergeben. Die Nachkommen Davids werde ich für den Abfall bestrafen, doch nicht für alle Zeiten. (1 Kön 11,31–39; EÜ)

Aber Ahija wurde ebenso für Jerobeam zum entscheidenden Mittler des Willens Gottes. Denn Jerobeam fiel auch während seiner Regentschaft aus denselben Gründen in Ungnade des Herrn. Aufgrund der Erkrankung seines Sohnes Abija sieht er sich veranlasst, sich an Ahija zu wenden. Vermutlich wegen seines schlechten Rufes ging er nicht direkt zu Ahija, sondern schickte seine Frau nach Schilo. Gott kündigte allerdings die Ankunft dem Ahjia an, sodass der mittlerweile erblindete Prophet wusste, wen er vor sich hatte. Interessant ist hierbei, dass in dieser Erzählung in Ahija das beliebte Bild des blinden Sehers bedient wird, der der Frau Jerobeams prophezeite, dass ihr Sohn sterben und das gesamte Haus Jerobeams wegen seiner Sünden zerstört würde. Als Nadab die Nachfolge von Jerobeam als König antritt, erfüllt sich diese Prophezeiung (1 Kön 14,10f; 15,25–31).

Ahijas Prophezeiungen spiegeln im Besonderen die Angst der Israeliten wider, angesichts des steigenden Einflusses der umliegenden Völker die Volksidentität zu verlieren. Eine kleine Notiz im zweitem Buch der Chronik (2 Chr 9,29) verrät, dass Ahijas Weissagungen schriftlich festgehalten wurden, wohl um in den Worten des blinden Weissagers den Willen Gottes zur Erhaltung der Identität des vom Herrn erwählten Volkes Israel stets vor Augen zu haben.

Elija der Gotteskämpfer und Endzeitbote (1 Kön 17–19; 2 Kön 1; 2 Chr 21)

Elija ist in die Geschichte eingegangen als der bemerkenswerteste Prophet, dessen Taten nicht nur in Mendelssohns musikalischem Werk zur Geltung kommen, sondern vor allem auch durch den Orden der Karmeliter, der in seiner Glaubensüberzeugung sich auf das Beispiel des aus dem östlichen Jordanland (Galaad) stammenden Gesandten Gottes bezieht (1 Kön 17,1; 21,17). Für die Israeliten ist er der Wagen und Fuhrmann Israels (2 Kön. 1,8). Er wird als ein „Mann, behaart und mit einem ledernen Gürtel um seine Hüfte“ beschrieben (2 Kön. 1,8). So steht es jedenfalls im hebräischen Text und selbst in der griechischen Übersetzung der Septuaginta. Die Einheitsübersetzung übernimmt in Vorankündigung der Segnungshandlung Elijas für Elischa das Bild des Mantels und „übersetzt“: „Er trug einen Mantel aus Ziegenhaaren und hatte einen ledernen Gurt um die Hüften“.

Über Elija wird eine weitere Begebenheit erzählt, die das Bestreben aufzeigt, den göttlichen Erwählungsgedanken des Volkes Israel zu illustrieren. Doch diesmal kommt es zu einer packenden Darstellung, die sich ganz bewusst auf die Gemütsbewegungen vor allem der Protagonisten konzentriert. Sie spiegelt ein historisches Problem wider zwischen der Unzufriedenheit des Volkes und dem Unterfangen der Staatenlenker, ihre Macht sakral abzusichern. Denn eine Koexistenz vieler Kulte, wie sie schon Salomon, wohl auch unter dem Einfluss seiner Ehefrauen, versuchte zu etablieren, bedeutete seinerzeit längerfristig gesehen, und zwar unter dem archaischen Verständnis eines von Gott beauftragten Herrschers, die Notwendigkeit der Schaffung einer neuen Volksidentität. Da das Staatsverständnis des Judentums mit seiner Religionsauffassung identisch war, gab es nicht wenige Gegenbewegungen, die das selbstgefällige Regierungsgebaren ihrer Könige offen angriffen.

So wird das Thema, die Macht des Gottes Israels als einzig wahre allumfassende Autorität zu bewerten, in einer beispiellosen Art dramatisch verdichtet, um gleichsam wie in einer griechischen Tragödie die Missstände vor Augen zu führen, die entstehen, wenn sich ein Volk anderen Kulten nähert. Die Annäherung des Volkes an die diversen Kulte bedeutet somit einen Verrat an seinem mit Jahwe geschlossenen Bund. Elija ist somit ein Prophet, der bewusst als Werkzeug Gottes in das Geschehen eingreift und öffentlich die Politik des Königs von Israel beanstandet. Nicht nur verkündet er diesem sein bevorstehendes Lebensschicksal, sondern führt auch dem Volk und den Machthabern, vor allem mittels Wundertaten, die Gegenwart Jahwes vor Augen.

Das Problem der befürchteten Zerschlagung des Bundes mit dem Gott Israels steht im Mittelpunkt, ausgehend von mächtigen Königsfrauen, die aus fremden Völkern ihre eigenen Kulte in das kulturelle Bewusstsein des Volkes Israel hineintragen wollen. Während dieses Problem in der Regentschaft des Salomon nur angedeutet wird (siehe oben) – auch der Richter Gedeon greift dieses Problem auf (Ri 6,25ff.) –,wird es hier in Isebel, der Frau Ahabs, personifiziert. Sie und nicht Ahab erscheint als beabsichtigter Gegenpart des Elija und lässt es auf einen Kampf mit dem Propheten ankommen. Interessant ist es, dass menschliche Züge des Zweifelns und der Selbstsicherheit sowohl bei Elija als auch bei Isebel zum Ausdruck kommen, in der Frage, welcher Gott der rechtmäßige ist, auf den sich die Herrschaft des Königtums Israel bezieht.

Zunächst erscheint Elija als zukunftsweisender Prophet, der im Auftrag Gottes verkündet, dass als Strafe für Isebels Verrat an dem mit Gott geschlossenen Bund eine Dürre und somit eine Hungersnot bevorstehe. Dass Jahwe Elija vor Trockenheit und Hungersnot bewahrte, zeigt deutlich die väterlichen Eigenschaften des schützenden Gottes Israels auf; denn er schickte Elja zum Bach Kerit und ließ ihn von Raben ernähren. Auch konnte Elija auf seiner Mission einer

Witwe in Sidon Nahrungsvorräte verschaffen, sodass sie ihr Kind ernähren konnte. Selbst als das Kind im Sterben liegt und die Frau darin zunächst eine Strafe ihres Gottes Baal erkennen will, zeigt sich die väterliche Macht Jahwes, der es durch Elijas Gebet wieder zu neuem Leben erweckt. Dieses Ereignis bereitet den kämpferischen Auftritt Elijas auf dem Karmel vor, einer Bergkette im heutigen Israel, wo es um das Kräftemessen beider Gottheiten geht: Jahwe und Baal.

Die Gottheit Baal erscheint in den biblischen Geschichten als Chiffre der fremden Gottheit per se, in der sich viele Kulte aus verschiedenen Völkern vermischten. Beispielsweise ging in den Baalkult auch der Kult der Astarte ein (vgl. 2 Kön, 17,16; 21,3; 23,4.5.11; Ri 2,13). Vor allem wurde Baal von den Sidoniern, Phöniziern, Samaritern und Babyloniern verehrt (1 Kön 16,31; Dtn 4,19). Das erste Buch der Könige und die Bücher Hosea und Jeremia geben einen Einblick, wie die Kulthandlungen für diesen Gott abliefen. Danach bestand die Verehrungshandlung darin, dass man auf einer bestimmten Kulthöhe („Baalshöhe"; hebr. *bāmāh)* silberne Götzenbilder anfertigte, kniend den Mund küsste, um den Altar sich tanzend sowie hüpfend bewegte (1 Kön 18,26; 19,17; Ho 13,1, Num 22,41) und sich hierbei stigmatisierte (1 Kön 18,28). Dazu wird berichtet, dass zwei Lämmer zusammen einen Kultpfahl bildeten. Als Brandopfer boten die Anhänger des Kults ihrem Gott ihre Söhne und Töchter dar und schickten sie durch das Opferfeuer. In dieser Kulisse trieben sie, der Darstellung zufolge, Wahrsagerei und Zauberei (2 Kön 17,16.17; Jer 19,5; 32,35).

Um dieses Kultgeschehen ad absurdum und zugleich die wahre Macht Jahwes vor Augen zu führen, brachte Elija König Ahab dazu, sich auf einen Wettkampf einzulassen und die Priester des Baalkultes auf dem Karmel zu versammeln. Jeder sollte einen Stier bekommen, der nach dem entsprechendem Ritus auf dem Altar zubereitet werden sollte. Die eigentliche Macht des einen Gottes sollte dadurch sichtbar werden, wessen Altar durch diesen Gott entzündet wird. Vergeblich versuchten die Priester den ganzen Tag, die Hilfe ihres Gottes herbeizurufen, damit er das Wunder vollbringt.

Doch es geschah nichts – so sehr sie sich bemühten und dabei sogar von Elija verspottet wurden. Die Schilderung des Neuaufbaus des zerstörten Altars Jahwes, den Elija Stein für Stein nun vornahm, ist ein besonderer Hinweis darauf, wie Elija das Kultdenken des Baalkultes aufgreift, um dessen Wirkungslosigkeit vorzuführen. Der Befehl, vier Krüge Wasser auf das Brandopfer zu gießen, ist eine Reminiszenz daran, wie Jahwe Elija vor der Dürreperiode bewahrt hat, aber auch ein Hinweis, dass nur von Jahwe das Leben gespendet wird. Dazu passt, dass Elija die Priester insgesamt dreimal aufforderte, ihren Herrn anzurufen. Doch es sollte immer noch nichts geschehen. Dann sprach er die Worte:

> Erhöre mich, Herr, erhöre mich! Dieses Volk soll erkennen, dass du, Herr, der wahre Gott bist und dass du sein Herz zur Umkehr wendest. (1 Kön 18,37; EÜ)

Mit diesen Worten traf das Wunder ein. Der Altar wurde von Jahwe entzündet und das ganze Volk warf sich auf den Boden und erkannte in Jahwe seinen Gott. Sogleich schenkte Jahwe den ersehnten Regen (1 Kön 18,21–46).

Elija rief daraufhin das Volk auf, alle Propheten des Baals an den Bach Kischon zu bringen und dort zu töten, was auch geschah. Als dann Ahab dieses Geschehen seiner Frau Isebel erzählte, schwor sie Rache. Hier beginnt eine interessante Kehrtwendung. Während Elija im Verlauf des Wundergeschehens in seiner exaltierten und erbarmungslosen Art geschildert wird, wird er nun, den Zorn der Isebel im Nacken, von Selbstzweifel und Angst geplagt und flüchtet in die Wüste. In der Hilflosigkeit Elijas wird ein weiteres Mal die rettende väterliche Fürsorge Jahwes deutlich. Auf dem Berg Horeb erhält Elija den entscheidenden Auftrag, den Bund Israel wiederherzustellen, indem er Hazael zum König von Syrien und Jehu zum König von Israel macht und Elischa zum Propheten salbt. Um die Maßlosigkeit und zugleich die Machtüberschätzung der Isebel und des Ahab aufzuzeigen, wird sozusagen als Nebengeschehen das Schicksal von Nabot erzählt.

Nabot, von dem nichts Weiteres bekannt ist, soll sich geweigert haben, seinen Weinberg an Ahab zu verkaufen. Daraufhin musste Nabot durch Betreiben Isebels unter dem Vorwurf der Gotteslästerung einen Schauprozess über sich ergehen lassen und wurde schließlich gesteinigt. Elija sagt daraufhin die Rache des Herrn voraus. Dies traf dann auch ein, als nach dem Tod Ahabs seine Nachkommen durch Jehu, den Kommandanten seines eigenen Heeres, getötet und somit seine Familie ausgelöscht wurden.

In einem weiteren Geschehen, das sich dreimal wiederholen sollte und gewissermaßen als ein Hinweis auf die Trinitas gedeutet werden kann, wird unter der Führung des Königs Ahaja Elijas göttliche Erwählung durch Jahwe vor Augen geführt: Einer Fünfzigerschaft und deren Hauptmann, der vom König Ahaja zu Elija auf den Berg geschickt worden war, prophezeite Elija, der ihrer Bitte vom Berg abzusteigen nicht nachkommen wollte:

> Wenn ich ein Mann Gottes bin, so falle Feuer vom Himmel und verzehre dich und deine Fünfzig. Sogleich fiel das Feuer Gottes vom Himmel und verzehrte ihn und seine Leute. (2 Kön 1,12)

Diese Prophezeiung erfüllte sich, und die Szene wiederholte sich ein weiteres Mal mit demselben Ausgang. Beim dritten Mal suchte wieder ein Hauptmann mit seiner fünfzig Mann starken Truppe Elija auf. Diesmal kommt es zur Proskynese und damit zur Anerkennung des Propheten Elija, aber auch zugleich zur Frage des Grundes für sein strafendes Verhalten sowie zu einer versteckten Prophezeiung. Die von den Männern ausgesprochene Zukunftsdeutung, Elija würde sterben, da er vom Berg nicht herabsteigen werde (2 Kön 1,14), erfüllte sich jedoch nicht. Denn Elija stieg auf den Rat eines Engels mit ihnen vom Berg herab und sprach zum König:

> So spricht der Herr: Du hast Boten ausgesandt, um Beelzebul, den Gott von Ekron, zu befragen, als gäbe es in Israel keinen Gott, dessen Wort man einholen könnte. Darum wirst du von dem Lager,

> auf das du dich gelegt hast, nicht mehr aufstehen; denn du musst sterben. (2 Kön 1,16; EÜ)

Daraufhin starb Ahab und Jehu, sein einstiger Kommandant, konnte Ahabs Thron beerben, nachdem er die Nachkommen Ahabs ausgelöscht hatte. Der besonderen Himmelfahrt des Elija in einem von Pferden gezogenen Streitwagen aus Feuer geht ein Dialog zwischen Elija und Elischa voraus. In diesem lässt Elija seine Erlebnisse Revue passieren, um den Auftrag Elischas zu begründen. Elischa nahm seinen Mantel aus Schafspelz und wollte das Wunder wiederholen, das zuvor Elija vor seinen Augen vollbrachte, nämlich mit seinem Mantel das Wasser zu teilen, um trocknen Fußes über den Jordan zu gehen. Doch es gelang nicht. Daraufhin schrie Elischa: „Wo ist denn der Gott Elijas, wo?“ (2 Kön 2,14), woraufhin sich das Meer teilte.

Der Kampf gegen den Baalkult war seinerzeit gut begründet. Denn tatsächlich war gerade der Baalkult für die jüdische Glaubensauffassung und das Staatsverständnis der Juden ein Problem. Neben den Königen Ahab, Ahaja und Mansses ließen sich auch die Israeliten zum Baalkult hinreißen – wohingegen die Könige Jehu, Josias und Joas, einschließlich seines Volkes, als Streiter für den wahren Glauben an ihren Stammesgott Jahwe erwähnt werden (2 Kön 3,2; 2 Kön 10,19.25; 2 Kön 11,18; 2 Kön 23,4.5; 2 Chron 23,17). So lässt Elija nach (!) seiner Entrückung König Joram, den Sohn Ahabs, der die Israeliter, aus politischem Kalkül unter einen besonderen Schutz stellen wollte, in einem Schreiben wissen, dass sein Schicksal besiegelt ist (2 Chron 21,12ff.).

Somit gehört Elija zu den prägendsten Beispielen eines Propheten, der mahnte, die Reinheit des jüdischen Glaubens und die väterliche Macht Jahwes aufrechtzuerhalten. Und so nimmt er auch für das Neue Testament eine Schlüsselrolle ein. Denn laut dem Buch Maleachi würde Elja als Bote des Endzeitgerichts vom Herrn gesendet werden (Mal 3,23). Diese Prophezeiung erfüllt sich in Jesus Christus (Mk 9,11; Mt 5,17; 11,14; Lk 1,17).

Jesaja und die Prophezeiung auf jesus Christus (Buch Jesaja)

Die Prophezeiung: *Denn uns ist ein Kind geboren, ein Sohn ist uns gegeben, und die Herrschaft ruht auf seiner Schulter; und er heißt Wunder-Rat, Gott-Held, Ewig-Vater, Friede-Fürst* (Jes 9,1–6) wird alljährlich in der christlichen Weihnachtsliturgie vorgetragen mit dem Hinweis, dass sich in Jesus Christus diese Weissagung erfüllt hat. Darf man also annehmen, dass Jesaja tatsächlich Jesus vorausgesehen hat? Die Hoffnung auf den Erlöser, auf den Messias, die Jesaja in seinen Weissagungen immer wieder anklingen lässt, ist mit dem zunehmenden Verlust der staatlichen Unabhängigkeit verknüpft zu sehen. Denn die Bedrängung des Königreichs Juda war seit der friedlich zu Ende gegangenen Epoche unter Assarja abzusehen. Die Koalition zwischen Aram, im heutigen Syrien gelegen, und Israel wurde für das Königreich Juda zunehmend zu einer politischen Bedrohung (2 Kön 15,37; 16,5). Das Vorhaben der Judäer, Babylon als Bündnispartner zu gewinnen, ging nicht auf. Jedoch mag Jesaja die steigende Macht der Assyrer, die nun den umliegenden Königreichen, einschließlich dem babylonischen, gefährlich wurden, früh erkannt haben (Jes 7–8; 17,1.3; 39,1ff.). Auch die im Buch Jesaja dargestellte Niederlage der Assyrer bei ihrem ersten Übergriff auf Jerusalem soll auf die Macht des Herrn über die Assyrer und ihren Stammesgott Assur hinweisen und ist zugleich auch die Erfüllung der Weissagung Jesajas (14,24ff).

Es entspricht jüdischem Denken, diesen drohenden Verlust der staatlichen Unabhängigkeit als eine Strafe ihres Gottes anzusehen, die nach Ansicht Jesajas durch Sittenverfall, Götzendienst bzw. einen vernachlässigten Sinn für die wahre Andacht an den Herrn sowie durch die Gewinnsucht der Staatsoberen heraufbeschworen wurde (Jes 1,11–14; 2,8; 1,23; 10,12; 5,11–12.22). Diese Sozialkritik, die sogar auch die mit dem Königreich Juda befeindeten Völker betraf, bleibt zwar zunächst ungehört, aber vor dem Hintergrund der göttlichen Berufung Jesajas und der Erfüllung der ersten Weissagungen der kommenden bedrohlichen Ereignisse gewinnen die Worte Jesajas auf der politischen Bühne an Gewicht. Denn unter den Königen Jotam, Ahas und Hiskija, denen er diente (Jes 1,1; 2 Chr 26,22; 32,32), war es Hiskija, der ausdrücklich Schutz bei ihm suchte (2 Kön 19,1–6). Den Boten des Königs verkündigte er die Hilfe des Herrn und die Befreiung der Stadt Jerusalem, was dann auch eintraf (2 Kön 19,35–37). Jesajas göttliche Berufung wird dadurch noch betont, dass er Hiskija von seiner tödlichen Krankheit befreit (2 Kön 20,1.7). Allerdings sagt Jesaja demselben König die babylonische Gefangenschaft voraus.

Der Erwartung des Messias geht die Vorstellung eines endzeitlichen Heilsbringers voraus, wie sie schon in den Büchern Mose zur Sprache kommt (Num 24,17; Dtn 17,15; Gen 49,10). In der Endzeitvision des Jesaja, der nach dem göttlichen Gericht eine Erneuerung des Bundes mit Gott verheißt, erscheint diese Hoffnung auf den Messias erneut. Und gerade in der Hoffnung auf den Erlöser schlossen sich zwei weitere Propheten an, deren Weissagungen dem Buch Jesaja zugeordnet werden. Da ihre Namen nicht überliefert sind, setzten sich die Bezeichnungen Deutero- und Tritojesaja durch. Interessant ist, dass bei ihnen die Vorstellung von einem Heilsbringer nicht nur weiter gezeichnet wird, sondern dass sie auch untereinander variieren. Bei Deuterojesaja wird die Hoffnung auf den Erlöser des Volkes Israels auf einen Hoffnungsträger aller Völker ausgeweitet, der als Knecht Gottes, Gesalbter des Herrn und Befreier (Jes 45,1.13), der von allen Menschen gemieden werden wird, die Schuld des Volkes auf sich nimmt und so für alle Völker Heil, Gerechtigkeit und Frieden bringt (Jes 49,6; 52,7–53,12). Tritojesaja hingegen rückt die Prophezeiung des Gottesreichs auf Erden in den Mittelpunkt (Jes 60–65).

Jesajas fassbare Verheißung vom Messias war nicht nur ein wichtiger Halt in schwerer Zeit, sondern auch eine dankbare Kehrtwendung im Denken seines Bündnisvolkes. Denn gerade die Vorstellung eines Erlösers bot einen wichtigen Anhaltspunkt für einen verzeihenden und erlösenden Gott. Wenn auch nachfolgende Propheten die Unterdrückung ihres Volkes als Strafe ihres Stammesgottes sehen – Habakuk hat sogar sehr mit dem Machthaber Babel gehadert – haben Propheten wie Jeremia und Ezechiel diese Machtposition als Ausdruck des Willens Gottes gedeutet. Der Keim, der von Propheten wie Amos, Hosea und Micha schon im 8. Jahrhundert vor Christus gelegt wurde, das Anliegen nämlich, das Verhältnis zu ihrem Gott neu zu definieren und zugleich ihr Volk vor zu starkem Übermut zu warnen, wurde in der bei Jesaja so greifbaren Gestalt des Messias im Lauf der Jahrhunderte zu einer Botschaft, sich auch anderen Völkern bzw. Kulturen zu öffnen. Zugleich aber sollten diese Völker – gemäß ihrer jeweiligen Gesetzesvorstellung – gewisse ethische Bedingungen erfüllen, vielleicht auch mit dem Hintergedanken, die staatliche Unabhängigkeit durch die Verbreitung ihres Kultes wieder zu erlangen. Denn Deuterojesaja sah im Perserkönig Kyros den Gesalbten Jahwes. Aus der Sicht des Christentums hingegen sollten sich die Verheißungen des Messias = Christus in Jesus erfüllen und vollenden, der die politische Erwartung der Wiederherstellung der staatlichen Souveränität und in seiner Botschaft vom Königreich Gottes bedingungslose Liebe verheißt und für alle Völker offen steht.

Jesaja, der zwei Söhne hatte (Jes 7,3; 8,3.18), soll selbst auf Betreiben des judäischen Königs Manasse als Märtyrer gestorben sein (2 Kön 21,16). Sein prophetisches Auftreten nach dem Tod des Königs Ahasja (2 Kön 19,2; Jes 1,1) verrät in seiner offenen und teilweise erhörten Kritik nicht nur eine selbstbewusste, sondern auch eine einflussreiche Persönlichkeit. Das spiegelt sich auch in seiner außergewöhnlichen Offenbarungsvision wider, worin er seine göttliche Berufung erhält. Er sieht in seiner Vision den Herrn auf dem Thron sitzend im königlichem Ornat gekleidet und durch Serafim „gekrönt" (Jes 6,1f). Nicht zuletzt damit wurde er zu einer bestimmenden Schlüsselfigur, was auch die späte Entstehung der Schrift *Himmelfahrt Jesajas* beweist, die heute zu den apokryphen Werken gezählt wird. Darin wird doketistisches und gnostisches Gedankengut verarbeitet: Der Heilige Geist und der Herrscher des Totenreichs beispielsweise erscheinen als Engel und Jesus und Jesaja knien vor dem Thron Gottes.[1]

Jeremia, der unerhörte Prophet

Noch deutlicher als Jesaja erscheint Jeremia in Verbindung mit Jesus, und zwar an den sensiblen biografischen Punkten, die nur in dem Evangelium nach Matthäus vorkommen. Der Kindermord zu Betlehem erscheint als eine Erfüllung der Schreckensprophezeiung des Jeremia:

> Ein Geschrei war in Rama zu hören, lautes Weinen und Klagen: Rahel weinte um ihre Kinder und wollte sich nicht trösten lassen, denn sie waren dahin. (Mt 2,17; Jer 31,15)

Der gekaufte Verrat an Jesus durch Judas soll nach Matthäus auch auf eine Prophezeiung des Jeremia zurückgehen. „Sie nahmen die dreißig Silberstücke – das ist der Preis, den er den Israeliten wert war" (Mt 27,9).[2] Auch in dem viel älteren gewaltigen Geschichtsbuch der Makkabäer, der jüdischen Freiheitskämpfer, die gegen die Herrschaft der Seleukiden gekämpft haben, werden an entscheidender Stelle Jeremias Prophezeiungen erwähnt. Er erscheint vor der Zerstörung Jerusalems und warnt seine wegziehenden Landsmänner davor, sich den heidnischen Kulten anzunähern (2 Makk 2,1–2). Daneben wird berichtet, dass Jeremia die Kultgegenstände, darunter die Bundeslade am Berg Nebo, in Sicherheit gebracht hat, was einige Archäologen dazu veranlasst hat, dort nach diesem Kultgegenstand zu suchen.[3]

---

1 Vgl. Loerzer 1989, 170.

2 Vermutlich hat der Evangelist sich durch die Erzählung von den beiden Hirten im Buch des Sacharija inspirieren lassen, vgl. Sach 11,12–13.

3 Vgl. z.B. Roller 2012.

Auffällig ist, dass Jeremia an entscheidenden Stellen der Verheißung der Wiederherstellung der Glaubenssouveränität genannt wird. Vielleicht ist das auch der Grund, warum einige in Jeremia den Menschensohn, also den endzeitlichen Heilsmittler gesehen haben (Mt 16,14; vgl. Dan 7,13). Daher sollte man meinen, dass er gleichsam wie Elija oder Johannes der Täufer ein kraftvoller und einflussreicher Prophet gewesen sein muss, da in seinen Verheißungen das ständige und unermüdliche Erinnern an die Glaubensidentität seines Volkes betont wird. Jedoch das Gegenteil war der Fall. Er wollte gerade in der Stunde der Zerstörung seines Reiches Hoffnung geben, die jedoch nur in der Umkehr zu Jahwe begründet sei, und er stand als unerbittlicher Einzelkämpfer da. Er hatte viele Feinde, weil er sich einfach mit jedem anlegte, und er wurde oftmals von seinen Landsleuten ins Gefängnis geworfen, aus dem er immer durch Gottes Hilfe befreit wurde.

Schon von Geburt an schien Jeremias besondere Schicksalsstellung vorgezeichnet; denn er wurde als Sprössling einer angesehenen Priesterfamilie geboren und von Gott im Mutterleib geheiligt und zum Propheten ausersehen, um die Zerstörung und Wiedererrichtung der Reiche zu verkünden. Jeremia trug das Los, sich den Königen, Beamten und Priestern in ihrer Abgötterei sowie den falschen Propheten von Juda entgegenzustellen, um nicht selbst Opfer des Zorns Gottes zu werden. Um diesem göttlichen Auftrag nachzukommen, zog Jeremia alle Register. An allen bedeutenden Orten wie im Tempel, am Stadttor und selbst im Gefängnis und im Exil in Ägypten erinnert er an den Bund mit Jahwe. Jeremia griff so auch die Selbstgerechtigkeit der Priester an, die ihre Kulte ohne Treue zum Gesetz vollzogen, rief seinem Volk die Bedeutung des mit Gott geschlossenen Bundes mahnend ins Gedächtnis und übte offen Kritik an der Regentschaft der Könige von Juda. So geschieht nach den Worten Jeremias die Weissagung der Zerstörung Jerusalems als Ausdruck des sündhaften Benehmens seines Volkes, das sich von Jahwe abgewendet hat. Als Vorbild führte er die besondere Gottestreue der Rekabiter an. In bemerkenswerten Metaphern gibt Jeremia den gefährlichen gottlosen Weg, den sein Volk geht, und die bevorstehende Zerstörung der Stadt Jerusalem zu verstehen. So erzählt er, dass er auf Gottes Geheiß einen Gürtel in eine Felsspalte legen und nach einiger Zeit wieder hervorholen sollte. Die Verdorbenheit dieses Gürtels, der „zu nichts mehr gebrauchen“ war (Jer 13,7), zeigt den in Mitleidenschaft gezogenen Bund mit Gott auf und kündet so das bevorstehende Schicksal an. Aber an ein solches Schicksal wollte das Volk nicht glauben und bestritt Jeremias' Worte. Es kamen sogar Zweifel daran auf, dass er von Gott gesandt war. Andererseits wurde versucht, seine Prophetie in staatspolitische Überlegungen miteinzubeziehen. Seine Weissagungen klangen in den Ohren der Regenten von Juda stets so, als sei Jeremia ein Mündel des Nebukadnezars und seiner übermächtigen Macht, etwa als er dazu aufrief, sich Nebukadnezars Macht unterzuordnen.

> So spricht der Herr, der Gott Israels: Fürwahr, ich drehe in eurer Hand die Waffen um, mit denen ihr vor der Mauer gegen den König von Babel und die Chaldäer, die euch belagern, kämpft, und hole sie ins Innere dieser Stadt. … Zu diesem Volk aber sollst du sagen: So spricht der Herr: Seht, den Weg des Lebens und den Weg des Todes stelle ich euch zur Wahl. (Jer 21,4.8)

Es ist deswegen nicht schwer zu verstehen, dass Nebukadnezar sehr gütig zu Jeremia war und ihn unter seinen Schutz stellte. Allerdings muss sich Jeremia missverstanden gefühlt haben, da seine Weissagung keinesfalls eine Anerkennung der Macht Babels bedeutete, sondern dass sein Volk nur in der Unterwerfung Rettung finden konnte und somit die göttliche Strafe für seine Sünden anerkennen musste. Denn den Sturz Babels sah er ebenfalls voraus:

> Babel war in der Hand des Herrn ein goldener Becher, der die ganze Erde berauschte. Von seinem Wein haben die Völker getrunken; deshalb haben sie den Verstand verloren. Jählings fällt Babel und wird zerschmettert. Klagt laut darüber! Holt Balsam für seine Wunde, vielleicht ist es zu heilen. Wir wollten Babel Heilung brin-

> gen, es war aber nicht mehr zu heilen. Verlasst es! Gehen wir, jeder in sein Land! / Denn sein Gericht reicht bis zum Himmel hinauf, ragt bis zu den Wolken empor. Der Herr hat unsre gerechte Sache / ans Licht gebracht. Kommt, lasst uns in Zion erzählen, was der Herr, unser Gott, getan hat. Schärft die Pfeile, füllt die Köcher! Der Herr hat den Geist der Könige von Medien erweckt; denn er hegt den Plan, / Babel zu vernichten. Ja, das ist die Rache des Herrn, die Rache für seinen Tempel. Errichtet ein Feldzeichen gegen Babels Mauern, verstärkt die Wache! Stellt Posten auf, legt Leute in den Hinterhalt! Denn der Herr hat seinen Plan gefasst und er führt auch aus, was er Babels Einwohnern angedroht hat. Die du an großen Wassern wohnst, so reich an Schätzen, dein Ende ist da, dein Maß ist voll. Geschworen hat der Herr der Heere bei sich selbst: Wärst du auch mit Menschen angefüllt wie mit Heuschrecken, man stimmt doch den Kampfruf gegen dich an. Er hat die Erde erschaffen durch seine Kraft, den Erdkreis gegründet durch seine Weisheit, durch seine Einsicht den Himmel ausgespannt. (Jer 51,7–15; EÜ)

In diesem Sinne weissagte er außerdem u.a. Unheil gegen die Philister („Ja, der Herr vernichtet die Philister, den Rest von der Insel Kaftor."; Jer 47,4), gegen die Moabiter („Vernichtet wird Moab, sodass es kein Volk mehr ist; denn es hat geprahlt gegen den Herrn."; Jer 48,42), gegen die Amoniter („Was rühmst du dich deiner Kräfte? Deine Kraft wird zerrinnen, du abtrünnige Tochter, die auf ihre Schätze vertraut und sagt: Wer kommt an mich heran?"; Jer 49,4), gegen die Edomiter („Edom wird zu einem Bild des Entsetzens; jeder, der vorbeikommt, ist entsetzt / und spottet über alle Schläge, die es erlitt."; Jer 49,17) sowie gegen arabische Stämme und gegen Elam.

Ein wichtiger Höhepunkt ist ein Streitgespräch zwischen Jeremia und dem Propheten Hananja. Es war ein Kräftemessen zwischen kleinmütiger Zukunftssicht und der bedingungslosen und reuevollen Zukunftseinsicht. Hananja als angesehener Prophet und Jeremia als Gefangener, seine Arme eingezwängt in einem Jochholz, standen vor der Priesterschaft. Hananja weissagte:

> So spricht der Herr der Heere, der Gott Israels: Ich zerbreche das Joch des Königs von Babel. Noch zwei Jahre und ich bringe alle Geräte des Hauses des Herrn, die Nebukadnezar, der König von Babel, von diesem Ort weggenommen und nach Babel gebracht hat, wieder an diesen Ort zurück. Auch Jojachin, den Sohn Jojakims, den König von Juda, samt allen Verschleppten aus Juda, die nach Babel gebracht wurden, führe ich an diesen Ort zurück – Spruch des Herrn -; denn ich zerbreche das Joch des Königs von Babel. (Jer 28,2–4; EÜ)

Jeremia antwortete:

> Ganz recht! Mag der Herr so tun. Der Herr erfülle deine Worte, die du verkündet hast, und bringe die Geräte des Hauses des Herrn und alle Verschleppten aus Babel zurück an diesen Ort. Doch höre das Wort, das ich dir und dem ganzen Volk in die Ohren rufe: Die Propheten, die vor mir und vor dir je gelebt haben, weissagten Krieg, Unheil und Pest gegen viele Länder und mächtige Reiche. Der Prophet aber, der Heil weissagt – an der Erfüllung des prophetischen Wortes erkennt man den Propheten, den der Herr wirklich gesandt hat. (Jer 28,6–9; EÜ)

Um seinen Worten mehr Bedeutung zuzumessen, zerbrach Hananja das Jochholz Jeremias als Sinnbild für die Befreiung des Volkes von der Macht Nebukadnezars binnen zwei Jahren.

In dieser Überlegenheitsstimmung des Hananja, der gewissermaßen aus der Seele des Volkes sprach, endete zwar diese Auseinandersetzung vor Ort, jedoch nicht die Auseinandersetzung zwischen den beiden Propheten. Denn Gott wandte sich an Jeremia, der Hananja Folgendes mitteilen sollte:

> Jochstangen aus Holz hast du zerbrochen, dafür aber musst du nun Jochstangen aus Eisen machen. Denn so spricht der Herr der Heere, der Gott Israels: Ein eisernes Joch habe ich auf den Nacken aller dieser Völker gelegt; sie müssen Nebukadnezar, dem König von Babel, untertan sein. (Jer 28,13–14)

Jeremia weissagte außerdem Hananjas Tod voraus, weil dieser falsch gesprochen habe, was dann ein paar Monate später auch eintraf.

Gerade diese Geschichte gibt einen Einblick in den Charakter dieses sonderbaren Propheten, der den Widerständen zum Trotz stets vom göttlichen Gebot sich leiten ließ. Das ständige Erinnern an den mit Jahwe geschlossenen Bund – er erinnerte auch an die, die im Exil lebten – sein Bloßstellen von falschen Propheten und seine öffentliche Kritik an der Götzenverehrung brachten ihm den Ruf eines unliebsamen Querulanten ein. Jeremia muss in seiner Besessenheit auf seine Mitmenschen sehr eigenbrötlerisch und eigensinnig gewirkt haben, zumal er sein Volk in einer direkteren und ausdrucksstarken Sprache anstatt in allzu beredter, rhetorisch-geschickter Form zur Buße aufrief und stets an die göttlichen Gesetze erinnerte, die im Rahmen staatspolitischer Entscheidungen unpopulär waren. In seinem unerbittlichen Auftreten wirkte er geradezu als Personifizierung des Schicksals des jüdischen Volkes, als würde sich die Zerreibung seines Volkes und zugleich dessen Hoffnung und dessen Gewissen sich in seinem Wirken spiegeln. Und nicht ohne Grund erscheint er als verheißungsvolle Weisung dem Judas Makkabäus, dem Namensgeber der biblischen Geschichtsbücher, indem er ihm ein goldenes Schwert aushändigt, ein göttliches Geschenk, um die Feinde erfolgreich schlagen zu können (2 Makk 15,15f.)[1]. Von der Kritik nahm Jeremia sich selbst nicht aus. Und er haderte oft mit seinem Los, was vor allem sein Trostschreiben an seinen Begleiter Baruch zeigt. Darin zeigt sich einmal mehr, wie zerbrechlich und unglücklich er auch innerlich war:

> Das Wort, das der Prophet Jeremia zu Baruch, dem Sohn Nerijas, sagte, als dieser im vierten Jahr Jojakims, des Sohnes Joschijas, des Königs von Juda, jene Reden nach dem Diktat Jeremias in ein Buch

[1] In der Gabe des goldenen Schwertes als Zeichen des Sieges kann man eine gewisse Parallele zu den Kriegsliedern des Alkaios sehen, einem griechischen Dichter aus dem 7. Jahrhundert vor Christus, in denen es heißt: *Von den Grenzen der Welt kamst du: aus Elfenbein war der Griff deines Schwerts, zierlich in Gold gefasst* (übers. M.Treu).

> schrieb: So spricht der Herr, der Gott Israels, über dich, Baruch: Du hast gesagt: Weh mir! Denn der Herr häuft noch Kummer auf mein Leid. Ich bin erschöpft vor Stöhnen und finde keine Ruhe. Sag zu ihm: So spricht der Herr: Was ich gebaut habe, breche ich nieder, und was ich gepflanzt habe, reiße ich aus. [Das betrifft das ganze Land] Du aber begehrst Großes für dich? Begehre es nicht! Denn siehe, ich bringe Unheil über alle Sterblichen – Spruch des Herrn; dir aber gebe ich dein Leben wie ein Beutestück überall, wohin du auch gehst. (Jer 45; EÜ)

Nachdem der Statthalter Gedalja in Jerusalem ermordet worden war, wird Jeremia gezwungen, mit seinen Landsleuten ins ägyptische Exil zu gehen. Dort hat er noch den Einfall Nebukadnezars vorausgesagt und dass nicht jedem die Rückkehr nach Juda offenstehe, in der Gewissheit, dass er der Repräsentant des Überrestes sei, für den er extra ein Feld in Juda gekauft habe.

> Rüste dein Gepäck für die Verbannung, du sesshafte Tochter Ägypten! Denn Memfis wird zur Wüste, wird niedergebrannt und menschenleer. (Jer 46,19)

Aber auch in Ägypten wurde er nicht erhört – und gesteinigt. Seinem Begleiter und Gehilfen Baruch trug er auf, seine Weissagungen schriftlich festzuhalten, wozu dieser zwei Anläufe brauchte. Denn die erste Fassung wurde durch König Joakim verbrannt, als ob er diesen Zukunftsaussichten so aus dem Weg gehen könne.

Jona und die Weissagung, die nicht eintraf (Buch Jona)

Von einem Propheten, der Kritik an seinem göttlichen Auftrag übt, ja sogar dessen Sinn einfach nicht verstehen will, wird im Buch Jona erzählt. Ob es Bezüge zwischen dem Buch und dem historischen, aus dem nördlichen Palästina –

und zwar aus Gat-Hefer stammenden – Propheten Jona gibt, kann heute nicht mehr entschieden werden. Das historische Ninive soll sogar vor dem Auftreten Jonas schon zerstört gewesen sein. In jedem Fall aber wird in dieser Parabel, vermutlich inspiriert durch eben jene historische Gestalt Jona, der dem König Jerobeam erfolgreich die Wiederherstellung der alten Grenzen Israels weissagte (2 Kön 14, 25), die Widerwilligkeit eines Menschen gezeichnet.

Vielleicht gerade in Anspielung auf seine Weissagung der Wiederherstellung des alten Israels durch den Herrn, der die Not Israels erkennt, obwohl ihm die sittenlosen Handlungen von Jerobeam missfallen, wird die Versöhnungsbereitschaft Jahwes in dieser Lehrerzählung in den Mittelpunkt gestellt. Das Interessante ist, dass hier die Kritik am Abfall des Volkes Israel von seinem Herrn, wie die eines Jesaja (Jes 1ff) im Schicksalsgeschehen des Jonas personifiziert wird, so dass vermutlich gerade in den Konturen seiner Fehlbarkeit in ihm ein Handlungsmodell gefunden werden soll, den Erkenntnisweg zum wahren Glauben zu finden. Der göttliche Auftrag bewirkt diesmal nicht primär eine Bewusstseinserhöhung, die dem Erwählten Gottes eine bestimmte Aura verleiht, sondern stellt eher den Anfangspunkt eines Lernprozesses dar: sowohl eines Menschen, der den Sinn seiner göttlichen Aufforderung erfassen muss, als auch eines lernenden Gottes, den die plötzliche Bereitschaft Ninives zur Buße versöhnlich stimmt. In dieser Weise korrespondieren der göttliche Willensanspruch zwischen Erbarmungslosigkeit und Versöhnungsbereitschaft und der menschliche Freiheitsanspruch zwischen Furchtsamkeit und übersteigertem Gerechtigkeitsempfinden miteinander. Die Erkenntnis der Bedeutung Jahwes seitens der Menschen wird somit genauso hervorgehoben wie die Erkenntnis der Glaubensnot der götzendienenden Einwohner Ninives. Um sich auch geografisch von seinem Auftrag zu entfernen, besteigt Jona ein Schiff. Weil er dem göttlichen Auftrag, in Ninive das Strafgericht anzukündigen, nicht nachkommen will, gerät das Schiff in einen Sturm. Dies eröffnet den Konflikt mit Gott. Hierbei werden die Facetten des Prophetentums und das Seherwesen des Götzenkultes in Beziehung zueinander gebracht. Das Schiff und der Sturm sind beliebte Metaphern, die in der übertragenen Bedeutung für eine bestimmte Gemeinschaft, oft für einen Staat, und für den Ausdruck des göttlichen Unwillens gegenüber der Menschengemeinschaft gebraucht werden. In dieser Kulisse wird die ignorierende Haltung des Jonas zu einer Schuldfrage, da er sich als Urheber des gefährlichen Unwetters erkennt. So wird seine Kenntnis vom wahren Gott in der Beziehung zur Unkenntnis der Schiffsleute, die nur ihren Götzengott Assur kennen und ihn zur Hilfe holen wollen, zu einer Verantwortungsfrage. Erst durch ein Losorakel (!) wird Jona als Urheber entdeckt und dadurch wird die göttliche Macht des Herrn von den Seeleuten erahnt. Jonas Bitte, ihn ins Meer zu werfen, um den Sturm wieder zu beruhigen, wird nur widerwillig angenommen. In dieser Reaktion werden die Verantwortungshaltung und das ethische Grundempfinden der Seeleute sowie des Jona sehr deutlich – nicht ohne ironische Konnotation, da Jona während des Sturmgeschehens erst durch die Aufforderung des Kapitäns aus dem Schlaf geweckt werden muss. In der berühmten Szene des großen Fisches, ein Symbol für die Geborgenheit und den Leitungswillen, geschieht die Kehrtwendung des betenden Jona, der im Fisch den Herrn lobpreisend um Hilfe bittet.

Ein Überraschungsmoment ist es, als Gott sich angesichts der raschen Bußbereitschaft der Bevölkerung in Ninive einsichtig zeigt. Somit wird die Versöhnungsbereitschaft Gottes gegenüber Jona auch den Ninivetern zuteil. Bemerkenswerterweise hat Jona selbst die Möglichkeit der Versöhnung am Schluss seiner Weissagung des göttlichen Unheils hervorgehoben – möglicherweise aufgrund seiner Erfahrung. Das Nichteintreffen des Strafgerichts Gottes eröffnet den endgültigen Konflikt zwischen Jona und Gott, in dem Gott ihn mit Hilfe eines weiteren Symbols für seine Versöhnungsentscheidung zu überzeugen sucht. Dem Rizinusstrauch kommt eine ähnliche Bedeutung zu wie dem Fisch und dem Sturm. Diesmal wird Jona jedoch mit einem möglichen Todesschicksal konfrontiert, indem Gott den Strauch wieder zerstört. Jonas Versuch, den Verlust des Schatten spendenden Baumes als eine Strafe Gottes zu interpretieren, und seine Bitte, ihm lieber das Leben zu nehmen, sind eingebettet in die Frage nach dem Sinn seiner Rolle für diese Mission – da sich seine Weissagung nicht erfüllte. Die Frage bleibt offen. Aber sie zeigt, dass diese Lehrerzählung davon geprägt ist, eine neue Glaubensidentität zu propagieren, die nicht auf das Volk Israel beschränkt bleibt und in der Perspektive Jonas die Angst vor den fremden Kulturen zu thematisieren. Gleichzeitig zeigt sie, dass Jona nur verantwortlich gemacht werden kann, wenn er auch für sich Verantwortung erkennt und übernimmt. Schließlich tritt in ihr ein interessanter Gedanke hinsichtlich der Schuldfrage zu Tage: Eine Bestrafung Gottes ist nur sinnvoll, wenn die Menschen sich in Kenntnis des wahren Gottes von ihm abwenden. Sie zeigt auch die Pflichterfüllung des Menschen gegenüber Gott und die Gottes für den Menschen auf. Und in diesem Zusammenwirken liegt der erzwungenen Mission Jonas das göttliche Postulat der Kooperationsbereitschaft der Menschen untereinander zugrunde, um das Bündnisprivileg der Israeliten auch anderen zuteil werden zu lassen.

Dieser Sinnzusammenhang kann als Grundstein für die Heidenmission aufgefasst werden. Jona ist der einzige Prophet, den Gott direkt zu den Heiden geschickt hat, und bot vor allem in der Christenmission Anknüpfungspunkte. So haben die Evangelisten das Bild des im Fisch gefangenen Jona und dessen Befreiung für die Darstellung des Todes und der Auferstehung Christi dankbar aufgenommen (Mt 12,39–41; 16,4; Lk 11,29.30).

Daniel und das Schicksal der Weltreiche (Buch Daniel)

Es gehörte in der Antike zur politischen Taktik eines Staates, auserwählte Söhne fürstlicher Abstammung aus einem Land zu holen, das besiegt worden war, wohl in erster Linie, um den annektierten Staat mehr an sich zu binden.[1] Solche Rechnungen von Staatslenkern gingen aber oftmals nicht auf. Die Geschichte hat gezeigt, dass eher der Fürstensohn, den man erziehen wollte, sich einen Vorteil verschaffen konnte. Der Fürstensohn der Cherusker, Arminius, konnte mitunter deswegen die Römer in der berühmten Varusschlacht besiegen. Ähnlich verhält es sich mit Daniel, der als Fürstensohn aus Juda während der Zeit des babylonischen Exils am Hof erzogen wurde. Und obwohl der Hof sich äußerste Mühe gab, die Zöglinge an sich zu binden und sie mit den eigenen Gebräuchen vertraut zu machen, wird im Buch Daniel geschildert, dass er sich über diese Versuche stets hinwegsetzen und so seine Glaubensidentität bewahren konnte. Da half es auch nicht, dass Daniel den Namen Beltschazar erhielt und in die Chaldäische Kultur und Wissenschaften eingeführt wurde (Dan 1,7ff.). Seine Entschlossenheit, bestimmte Speisen und den Wein von der Königstafel abzulehnen bringt ihm das Wohlgefallen und schließlich den Schutz des Herrn ein. So ist Daniels unbeugsame Haltung gewissermaßen als seine Berufung anzusehen, die vom Herrn mit Weisheit und der Fähigkeit, Träume zu deuten, belohnt wird. Zwar ist die Echtheit eines Sehers Daniel in Babylon historisch nicht gesichert[2], jedoch wird im Buch Daniel in unvergleichlicher Weise die Wandlung eines gebildeten und rechtsklugen Gelehrten zum Künder des wahren Glaubens von Gottes Gnaden vor Augen geführt. In dieser Hinsicht stellt er eine bewusste Gegenfigur zu den Königen Nebukadnezar, Balthasar und Darius dar und seine Geschichte bildet ein überaus populäres Motiv – bis heute. In verschiedenen Episoden werden in ihr die Falschgläubigkeit und Dekadenz des babylonischen Hofes vor Augen geführt und in Beziehung zur Allmacht, Gerechtigkeit und Weisheit Gottes gebracht, die durch Daniel als charismatischer Traumdeuter, weiser Richter und begnadeter Gelehrter zum Ausdruck kommen. Die staatspolitische Stellung sowie die gesellschaftliche Anerkennung, die

---

[1] Vgl. Jahn 2001, 78–104.

[2] Vgl. Baumgartner 2004, 26.

Daniel durch seine Taten erhält (er wird zum Vorsteher der Weisen, zum Statthalter), kann man als unbewusstes Wahrnehmen des göttlichen Geistes deuten, zur bewussten Anerkennung des wahren Gottes kommt es nicht.

Die Schilderung der Träume Nebukadnezars können gewisse hellenistische Einflüsse nicht verleugnen.[1] Stets erlebt Nebukadnezar den Traum als einen inneren Konflikt, als eine Bedrohung. Erst Daniel kann durch göttliche Eingebung „heilend" eingreifen. Schon das Motiv des von Nebukadnezar geforderten Erratens des Traumes verbildlicht die Suche nach dem wahren Gott. Besonders hier wird jedoch auch deutlich, dass es allenfalls zu einer Anerkennung von Daniels Charisma kommt, nicht zur inneren Einsicht zu Gott (vgl. Dan 3). Interessant ist auch, dass Nebukadnezar als Medium für diese orakelhaften Träume dient, die Daniel gewissermaßen wie ein Priester zu deuten vermag. Auch hier sind Anklänge an eine Orakelsituation zu sehen, wie man sie beispielsweise aus Delphi kennt. Ungewöhnlich ist hierbei, dass Daniel die allegorischen Traumorakel über die Gegenwart und Zukunft des Reiches unmissverständlich übersetzt und so seinen direkten göttlichen Auftrag demonstriert. Der erste Traum vom zusammengesetzten Standbild gibt Auskunft über die zukünftigen Reiche und über die künftig zerbrechende Macht Babyloniens, die auf die Meder, Perser und schließlich auf die Griechen übergeht.

Der Traum vom zusammengesetzten Standbild

(Dan 2,31–35; EÜ)

Du, König, hattest eine Vision: Du sahst ein gewaltiges Standbild. Es war groß und von außergewöhnlichem Glanz; es stand vor dir und war furchtbar anzusehen. An diesem Standbild war das Haupt aus reinem Gold; Brust und Arme waren aus Silber, der Körper und die Hüften aus Bronze. Die Beine waren aus Eisen, die Füße aber zum Teil aus Eisen, zum Teil aus Ton. Du sahst, wie ohne Zutun von Menschenhand sich ein Stein von einem Berg löste, gegen die eisernen und tönernen Füße des Standbildes schlug

---

[1] Vgl. z.B. Walde 2001, passim.

und sie zermalmte. Da wurden Eisen und Ton, Bronze, Silber und Gold mit einem Mal zu Staub. Sie wurden wie Spreu auf dem Dreschplatz im Sommer. Der Wind trug sie fort und keine Spur war mehr von ihnen zu finden. Der Stein aber, der das Standbild getroffen hatte, wurde zu einem großen Berg und erfüllte die ganze Erde.

Daniels Deutung
(Dan 2,37–45; EÜ)
Du, König, bist der König der Könige; dir hat der Gott des Himmels Herrschaft und Macht, Stärke und Ruhm verliehen.
Und in der ganzen bewohnten Welt hat er die Menschen, die Tiere auf dem Feld und die Vögel am Himmel in deine Hand gegeben; dich hat er zum Herrscher über sie alle gemacht: Du bist das goldene Haupt.
Nach dir kommt ein anderes Reich, geringer als deines; dann ein drittes Reich, von Bronze, das die ganze Erde beherrschen wird.
Ein viertes endlich wird hart wie Eisen sein; Eisen zerschlägt und zermalmt ja alles; und wie Eisen alles zerschmettert, so wird dieses Reich alle anderen zerschlagen und zerschmettern.
Die Füße und Zehen waren, wie du gesehen hast, teils aus Töpferton, teils aus Eisen; das bedeutet: Das Reich wird geteilt sein; es wird aber etwas von der Härte des Eisens haben, darum hast du das Eisen mit Ton vermischt gesehen.
Dass aber die Zehen teils aus Eisen, teils aus Ton waren, bedeutet: Zum Teil wird das Reich hart sein, zum Teil brüchig.
Wenn du das Eisen mit Ton vermischt gesehen hast, so heißt das: Sie werden sich zwar durch Heiraten miteinander verbinden; doch das eine wird nicht am anderen haften, wie sich Eisen nicht mit Ton verbindet.
Zur Zeit jener Könige wird aber der Gott des Himmels ein Reich errichten, das in Ewigkeit nicht untergeht; dieses Reich wird er keinem anderen Volk überlassen. Es wird alle jene Reiche zermalmen und endgültig vernichten; es selbst aber wird in alle Ewigkeit bestehen.
Du hast ja gesehen, dass ohne Zutun von Menschenhand ein Stein vom Berg losbrach und Eisen, Bronze und Ton, Silber und Gold zermalmte. Der große Gott hat den König wissen lassen, was

dereinst geschehen wird. Der Traum ist sicher und die Deutung zuverlässig.

Der zweite Traum von einem mächtigen Baum hingegen, der gen Himmel wächst, gibt Daniel die persönliche Zukunft Nebukadnezars an. Bemerkenswert ist, dass Daniel zunächst vor der Deutung der dunklen Zukunftsaussicht für den König zurückschreckt. So erhält man indirekt sogar einen kurzen Einblick in den Charakter des sensiblen Propheten und Sehers. Erst durch den Zuspruch des Königs fasst er den Mut, sein Schicksal zu verkünden, und zwar das Urteil des Herrn, das Nebukadnezars schließlich wegen seines mangelhaften Bekenntnisses zu Gott in Wahnsinn verfallen soll.

Ähnlich verhält es sich mit einer ebenso orakelhaften Szene, die sich am Hof des Königs Balthasar, dem Enkel Nebukadnezars, während eines Gastmahls ereignete. Eine Geisterhand schrieb „gegenüber dem Leuchter" folgende Worte: Mene mene tekel-u-parsin, die keiner verstand. Dass Daniel diese Schrift deuten und mit diesem Orakel das Ende der babylonischen Herrschaft ankündigen kann, zeigt nicht nur einmal mehr seine göttliche Gnadengabe, sondern auch seine besondere Gelehrsamkeit.

Diese Worte bedeuten:
Mene:
Gezählt hat Gott die Tage deiner Herrschaft und macht ihr ein Ende.
Tekel:
Gewogen wurdest du auf der Waage und zu leicht befunden.
Peres:
Geteilt wird dein Reich und den Medern und Persern gegeben.
(Dan 5,26–28; EÜ)

Wie sein Großvater so zollt auch Balthasar Daniel mit königlicher Wertschätzung, wohl in der Hoffnung, mit dieser eher unsicheren Haltung dem drohenden Schicksal entfliehen zu können.

Besonders die Missgunst, die Daniel entgegengebracht wird, gibt einen Einblick in den Volkscharakter der Babylonier sowie deren Vorbehalte gegen die jüdische Kultur, die als Störung des Nationalgefühls gewertet wird. Diese neidvolle Haltung kann jedoch zugleich auch als Anzeichen der bevorstehenden Beendigung des Babylonischen Exils verstanden werden, die im Einklang mit Daniels Gebeten steht (Dan 9,1). Augenfällig ist hierbei, dass die Versuche, Daniel vom Hof zu vertreiben, gar ihn zu vernichten, nicht glücken und er stets gestärkter aus diesen Situationen hervorgeht. Sehr populär ist das Bild der Löwengrube, wohl als möglicher Ausdruck der weltlichen Macht, die Daniel durch seinen göttlichen Schutz nichts anhaben kann. Ebenfalls muss man die Listigkeit seiner Gegner im Zusammenhang mit der Lebensklugheit des Daniel sehen. Hierbei ist es bezeichnend, dass Daniels Rivalen erst durch aberwitzig durchgesetzte Dekrete eine Möglichkeit sehen, ihn zu beseitigen oder durch bewusste Nichtachtung ihrer heidnischen Kulte. Daniel entlarvt dagegen mit Klugheit den Götzenkult und löst als weiser Richter einen Kriminalfall, in dem zwei ältere Herren eine junge Frau, Susanna, vergewaltigen wollen.

Bedeutsam sind weitere Orakelsprüche Daniels, die die künftigen Schicksale vieler Reiche betreffen. Am faszinierendsten sind jedoch die Prophezeiungen, in denen eine Andeutung auf den Messias sichtbar ist. In der Weissagung von den siebzig Wochen wird Daniel vom Engel Gabriel während seines Bittgebetes über das weitere Schicksal seines Volkes unterrichtet und nimmt dabei eine auffallend passive Rolle ein.

> Siebzig Wochen sind für dein Volk und deine heilige Stadt bestimmt, bis der Frevel beendet ist, bis die Sünde versiegelt und die Schuld gesühnt ist, bis ewige Gerechtigkeit gebracht wird, bis Visionen und Weissagungen besiegelt werden und ein Hochheiliges gesalbt wird. (Dan 9,24; EÜ)

Die Rückkehr der Juden nach Jerusalem und der Wiederaufbau ihres Tempels erfüllte sich dann unter der Herrschaft des Cyrus (2 Chron 36,22.23). Die Christen, allen voran Paulus, nahmen diese Weissagung als Aufruf zur Umkehr zum wahren Glauben in Jesus Christus an (Röm 3,24–26; Apg 10,38; Mt 3,16).

Nicht weniger bedeutsam sind Daniels Prophezeiungen vom Ende der Welt, die gewisse Thematiken und die Sprache der Offenbarung des Johannes vorwegnehmen.

> Zur Zeit des Endes streitet mit ihm der König des Südens. Da stürmt der König des Nordens gegen ihn heran mit Wagen und Reitern und mit vielen Schiffen. Er dringt in die Länder ein, überschwemmt sie und rückt vor. (Dan 11,40; EÜ)

Wann und wo Daniel, der sogar vom Propheten Ezechiel wegen seiner Frömmigkeit und Weisheit gerühmt wird, nun gestorben ist, ist nicht gesichert. Einzelne Gerüchte geben Auskunft darüber, dass er in Babylon geblieben ist. Wenn er aber unter Cyrus noch gelebt hat, muss er in einem betagten Alter gestorben sein. Und vielleicht ist Daniel auch nur eine Erfindung der Juden, um ihren Glauben und ihre Hoffnung auf eine Rückkehr in ihre Heimat in der Person Daniel zu konkretisieren und in Erinnerung zu halten.

Johannes der Täufer, der nichtchristliche Wegbereiter des Christentums

(Mt 3–4,9,11,14,21; Mk 1–2,5,11; Lk 1,3,5,7,9,20; Joh 1,3,5,10; Apg 1,13)

> Der aber, der nach mir kommt, ist stärker als ich und ich bin es nicht wert, ihm die Schuhe auszuziehen. Er wird euch mit dem Heiligen Geist und mit Feuer taufen. Schon hält er die Schaufel in der Hand; er wird die Spreu vom Weizen trennen und den Weizen in seine Scheune bringen; die Spreu aber wird er in nie erlöschendem Feuer verbrennen. (Mt 3,1–12)

Das sind die prophezeienden Worte eines Mannes, der sich im Einklang mit der Weissagung eines Jesaja gegen die falschen Propheten zur Wehr zu setzen versuchte und in den Evangelien als Wegbereiter Jesu auftritt. Zweifellos gehört Johannes zu den zentralen Figuren, die dem Christentum den Weg ebnen. Die Evangelisten verfolgten die Absicht, im Auftreten des Johannes Jesus als die in Erfüllung gegangene alttestamentliche Weissagung zu begründen. Und so waren sie bemüht, in der Gestalt Johannes des Täufers ein paralleles Bild zu Jesus zu entwerfen, das nicht zuletzt in den synoptischen Evangelien deutlich wird. So ist Johannes, („Gott ist gnädig"), wie Jeremia ein Nachkomme einer angesehenen Priesterfamilie. Und von ihm heißt es ebenfalls, dass er schon im Mutterleib geheiligt wurde. Nach Lukas wird dem Vater durch den Erzengel Gabriel Johannes sogar angekündigt – auch dies wie bei Jesus. Seine Jugend verbrachte er in der Wüste wie nach ihm Jesus. Und sein gesamtes Auftreten ist von der gleichen Kraft getragen wie das von Jesus. Ferner erinnern die Umstände seiner Geburt an die Geburt Isaaks. Denn auch Johannes wird von einer „unfruchtbaren" Mutter geboren – nach dem dritten Monat. Seine Kleidung schließlich weist deutliche Parallelen zum Propheten Elija auf.

Wegen dieser Parallelisierungen zu behaupten, dass nun Johannes als Wegbereiter Christi auf eine gute Erfindung zurückgeht, würde zu weit führen. Die charakterliche Einschätzung sowohl im Matthäus- als auch im Lukasevangelium: „doch der Kleinste im Himmelreich ist größer als er", könnte auf eine gewisse Konkurrenz zwischen Jesus und Johannes hindeuten. Schließlich wurde selbst Jesus für Johannes den Täufer gehalten. Am deutlichsten wird im Evangelium nach Johannes der Gedanke dieses Konkurrenzverhältnisses aufgegriffen, um in diesem Spannungsfeld den göttlichen Auftrag von Jesus und Johannes miteinander in Beziehung zu setzen.

> Darauf ging Jesus mit seinen Jüngern nach Judäa. Dort hielt er sich mit ihnen auf und taufte. Aber auch Johannes taufte damals, und zwar in Änon bei Salim, weil dort viel Wasser war; und die Leute

> kamen und ließen sich taufen. Johannes war nämlich noch nicht ins Gefängnis geworfen worden. Da kam es zwischen den Jüngern des Johannes und einem Juden zum Streit über die Frage der Reinigung. Sie gingen zu Johannes und sagten zu ihm: Rabbi, der Mann, der auf der anderen Seite des Jordan bei dir war und für den du Zeugnis abgelegt hast, der tauft jetzt, und alle laufen zu ihm. Johannes antwortete: Kein Mensch kann sich etwas nehmen, wenn es ihm nicht vom Himmel gegeben ist. Ihr selbst könnt mir bezeugen, dass ich gesagt habe: Ich bin nicht der Messias, sondern nur ein Gesandter, der ihm vorausgeht. (Joh 3,22–28; EÜ)

Doch obwohl davon auszugehen ist, dass der Beiname „Täufer" auf eine christliche Interpolation zurückzuführen ist[1], ist die Charakterisierung dieses Propheten in den Antiquitates (18,116–119) außerbiblisch bezeugt. Josephus Flavius beschreibt ihn als einen edlen/gerechten Mann, der die Juden dazu anhielt, der Vollkommenheit nachzustreben. Eine solche Einschätzung würde das Bild in den Evangelien bestätigen, in dem Johannes aus Demut ablehnt, Jesus zu taufen – welcher seinerseits Johannes weiter wirken ließ.

Man muss dazu wissen, dass im Judentum rituelle Waschungen in der Bedeutung als Sündenreinigung schon früh bekannt waren. Auch erwähnt Josephus in seiner Vita einen gewissen Bannus, der gewisse Parallelen zu Johannes dem Täufer aufweist. Er beschreibt, wie er als Jugendlicher die Sonderrichtungen seines Judenvolkes erforschen wollte und schließlich Schüler von diesem Bannus wurde, der „aus der wildgewachsenen Natur" sich ernährte und sich mehrmals mit kaltem Wasser wusch (Ios. vita 7–12). Bei Johannes erscheint jedoch dieser Taufritus nur in Verbindung mit seinen Bußpredigten, in denen er zur Umkehr aufforderte und die nach Flavius Josephus eine besondere Anziehungskraft ausstrahlten. Denn nicht nur kündigte er den Messias an, sondern er hielt auch flammende Reden, in denen er ungewöhnlich offen die Tugendlosigkeit anprangerte.

---

1 Barrett;Thornton 1991, 314.

> Ihr Schlangenbrut, wer hat euch denn gelehrt, dass ihr dem kommenden Gericht entrinnen könnt? Bringt Früchte hervor, die eure Umkehr zeigen, und fangt nicht an zu sagen: Wir haben ja Abraham zum Vater. Denn ich sage euch: Gott kann aus diesen Steinen Kinder Abrahams machen. Schon ist die Axt an die Wurzel der Bäume gelegt; jeder Baum, der keine gute Frucht hervorbringt, wird umgehauen und ins Feuer geworfen. (Lk 3,7–9; EÜ)

Der Zuspruch, den Johannes aufgrund seiner Reden aus allen Gesellschaftsschichten erhielt, lässt auf einen außergewöhnlichen Charakter schließen. Dies wird in gewisser Weise von Josephus bestätigt. Er berichtet von der Angst, die Herodes aufgrund der Popularität dieses Propheten befällt. Die Evangelien betonen dagegen die offene Kritik des Johannes an der ehebrecherischen Beziehung des Herodes. Dass dieser ihn daraufhin in den Kerker werfen lässt, ist wohl kaum abzustreiten. Jedenfalls bedeutet dieses Ereignis Johannes' Schlusspunkt. Und ebenso wie der Tod Jesu am Kreuz ist auch das Martyrium des Johannes Gegenstand von Spekulationen. Den Evangelien zufolge ist Johannes auf Verlangen der Tochter des Herodes, Herodias, enthauptet worden. Der Name Salome für diese Gestalt, den nur Josephus Flavius (Ios. ant. iud. 18,5,4), wenn auch in einem anderen Zusammenhang, erwähnt, taucht in den Evangelien nicht auf. Das Bild der tanzenden Tochter, die sich als Lohn für ihre bezaubernde Darbietung den Kopf des Johannes auf einer Schale wünschen durfte, prägte wie kein anderes die Literatur und die bildende Kunst (Mk 6,17–29; Mt 14,3–12; Lk 3,19–20).

Gewisse Parallelen dieser Gastmahlszene zum Buch Ester sind ebenso deutlich (Est 5,3ff; 7,2ff.), wie die zu einer zynischen Anekdote, die Livius überliefert. In dieser bietet ein Consul seinem Lustknaben an, aus Spaß einen Boier[1] umzubringen, der gerade im Begriff war, als Überläufer sich Rom anzuschließen (Liv 39,42).

---

[1] Ein keltischer Stamm, der in Mitteleuropa lebte.

Während Johannes also, in den Worten des Josephus, „die Gerechtigkeit gegeneinander und Frömmigkeit gegen Gott“ predigte und „zur Heilung des Leibes“ zur Wassertaufe aufforderte (Ios. ant. iud. 18,116–119a; übers. v. C.K. Barrett, C.-J. Thornton), prophezeite er auch den kommenden Messias, der mit Feuer und Heiligem Geist taufen werde. So gilt Jesus nicht nur als Mittler der Offenbarung, sondern hinter Jesus „geht der Prophet nicht mehr zurück, so dass er weder ein Pseudonym noch eine Offenbarungssituation der Vergangenheit als Deckmantel benötigt“[1]. Denn durch Jesus Christus ist das Heil in die Gegenwart gekommen und seine Botschaft von der Königsherrschaft Gottes wird und bleibt unter den Gläubigen erfahrbar.[2] So haben unheilvolle Zukunftsaussichten ihre Schrecken verloren. In dieser Hinsicht kann Johannes den Abschluss des ewigen Kampfes gegen die falschen Propheten verkünden, die ohne wirklichen Auftrag dem Volk nur nach dem Mund reden (z.B. Jer 5,31; 6,14.8,11; 14,13–16; Hes 13,6 ff. sowie 1 Kön 22,22f.). Denn in Jesus gilt im biblischen Sinne die Prophetie als abgeschlossen.

3. Mittelalterliche Propheten

Mittelalterliche Prophetie in Europa stand ganz im Zeichen des Ermessensspielraums der Kirche. Über die Unterscheidung zwischen weißer (einlassen mit göttlichen Mächten – durch Gott selbst oder mittels Engeln[3]) und schwarzer Magie (einlassen mit unterirdischen Mächten – durch den Leibhaftigen selbst oder mittels böser Geister[4]) versuchte die Kirche, den volkstümlichen Aberglauben in ihre Bahnen zu lenken. So hatte die Kirche im konkreten Fall zu prüfen,

[1] Vgl. Dormeyer 1990, 73f.
[2] Vgl. Dormeyer 1990, 74.
[3] Vgl. Herzog Gotha 1864, 397.
[4] Vgl. Herzog 1864, 397.

ob der Prophet bzw. die Prophetin im Dienste Gottes stand oder nicht.

Wohl aus diesem Grund gingen Zukunftsvisionen in dieser Epoche in der Regel von Geistlichen aus. Im Geiste der Heiligen Schriften war es die Aufgabe der Menschen, den täglichen Kampf zwischen Gottgefälligkeit und Teufelshörigkeit bestehen zu müssen, zwischen der Erwartung der Wiederkunft Christi und der Angst vor dem Antichrist. Da ein Nachdenken über Halluzinationen und Visionen erst viel später in der Medizin als psychische Krankheit wissenschaftlich ergründet wurde, war man davon überzeugt, dass ein Mensch in übernatürlichen Erlebnissen sowohl göttliche Stimmen als auch die Stimme des Teufels wahrnehmen kann, als Teil der äußeren Realität einer göttlichen und dämonischen Sphäre.[1] Allenfalls die Bipolarität der Melancholie und Manie wurde von Aretäus von Kappadokien herausgearbeitet.[2] Bei der Bewertung der Echtheit des Prophetenanspruchs hatte allein das theologische Urteil Gewicht. Über Halluzinationen und eidetische Phänomene[3] zu befinden, blieb in dieser Epoche den Theologen vorbehalten,[4] denn Visionen sind aus der Perspektive der christlichen Kirchen kein Betrug der Sinne, sondern sinnenhafte Wahrnehmungen einer übernatürlichen Realität.[5] Es war die Zeit der späteren Kirchenväter, welche sich einig waren, dass die realen Verhältnisse wie Ungleichheit, Sklaverei, Staatsautorität und auch Privateigentum eine Folge des Sündenfalls sind und nicht den Absichten Gottes entsprechen.[6] Und so pflegten die Propheten im Rahmen ihrer Endzeitvisionen die biblischen apokalyptischen Bücher (das Buch Daniel, die Offenbarung des Johannes) und die Sibyllinischen Orakelsentenzen neu

---

1 Vgl. Schmitt 2012, 219.

2 Vgl. Schmitt 2012, 223.

3 Solche Phänomene, in denen Menschen die Erscheinung ohne eigentliche Wahrnehmungsquelle mit dem geistigen Auge wahrnehmen können.

4 Vgl. Holzbach 1999, 57.

5 Vgl. Schmitt 2012, 219.

6 Vgl. Cohn 2007, 212.

zu deuten und zu bearbeiten.[1] In Erscheinung getreten ist beispielsweise ein gewisser Zisterzienser Johann Vatiguerro bzw. Caesarius von Heisterbach, der im 13. Jahrhundert für den Zeitraum zwischen 1774 und 1809 eine schlimme Zeit voraussagte, die durch Pesteinbrüche und Kirchenverfolgung gezeichnet sein sollte.[2] Die sogenannte Lehnische Weissagung, die auf einen Priester Hermann zurückgehen soll und im Jahr 1300 im Klosterarchiv einer Zisterzienserabtei gefunden worden war, gibt Auskunft über die zukünftigen Geschicke Preußens.[3] Interessant ist auch die nicht ganz unumstrittene Prophezeiung eines Abtes Werdin aus Apulien, die er von seinem Schutzengel erhalten haben will. Denn diese ist erst 1849 in einer Sammlung aufgetaucht und konnte nur durch einen kleinen Hinweis diesem Abt aus dem 13. Jahrhundert zugeordnet werden. Darin spiegeln sich die Ängste und Befürchtungen, aber auch Hoffnungen in dieser Zeit wider. Hier ein kleiner Auszug[4]:

> Viele Klöster werden unter den Schlägen des nordischen Adlers fallen….
> Vom Orient kommt ein Adler, dessen Flügel sich über die Sonne breiten…
> Dann fallen alle die Festungen, und die Welt in Entsetzen.
> … der Sohn wird über die Meere gehen und das Wunderzeichen am Haupt der Verheißung tragen. Und der Sohn des Menschen und der Adler werden siegen, und nach dem Siege des Sohnes des Menschen und des Adlers wird der Friede in der Welt herrschen.

Die Sorge über einen Autoritätsverlust der Kirche zugunsten der weltlichen Herrscher, aber auch gegenüber der neu entstandenen Weltreligion des Islam bestimmte das Denken des mittelalterlichen Europas. So ist im frühen Mittealter ein Prophet namens Mohammed in Erscheinung getreten, der nach der Biographie (Sira) des Ibn Ishāq in Vi-

---

1 Vgl. Cohn 2007, 311f.
2 Vgl. Angerer 2001, 252f; Truelle 1850, I, 30–34.
3 Vgl. Truelle 1850, I, 35f.
4 Loerzer 1989, 217.

sionen vom Erzengel Gabriel seine Berufung erhalten haben soll. Mit Elementen des Christen- und Judentums schuf Mohammed eine neue Religionsidentität, die „in ihrer bedrängenden und bedrohlichen Gegenwart eine Anfechtung für das Christentum bedeutete".[1] Schon aus diesen Gründen kann nicht ausgeschlossen werden, dass in den Weissagungen auch (kirchen-)politische Interessen mitspielten oder solche Weissagungen herangezogen wurden, um politische Entscheidungen zu beeinflussen.

Merlin und die Errettung Frankreichs

Als der Hundertjährige Krieg über Frankreich wütete und keine Befreiung des französischen Volkes von den Engländern in Sicht war, trat wie aus dem Nichts eine Jungfrau aus armen Verhältnissen in Erscheinung, die als Prophetin Gottes das Volksgefühl der Franzosen wiederherstellte und mit ihrer Repräsentanz die Machthaber siegreich zurückdrängen konnte. Jedoch fiel sie den Engländern am Ende des Krieges in die Hände und wurde einem kirchenrechtlichen Prozess unterzogen, der mit einer Verbrennung auf dem Scheiterhaufen endete. Jeanne D'Arc gehört zu den ersten prophetischen Gestalten, bei denen versucht wurde, das Phänomen der göttlichen prophetischen Berufung wissenschaftlich zu erfassen: Sogar Ärzte waren damit befasst, das Phänomen ihrer Visionen medizinisch zu begutachten. Bezüglich der „Erscheinungen Johannas fanden sie aber keinen ärztlichen Standpunkt, weder vom psychopathologischen noch physiologischen noch psychologischen Aspekt her." Denn solche Phänomene kannte man in der Medizin seit der Antike nicht oder sie wurden nicht als medizinisch beurteilt.[2]

So war es Theologen und Juristen vorbehalten, über eidetische und halluzinatorische Phänomene zu befinden

---

1 Vgl. Leuze 1994, 31.

2 Vgl. Holzbach 1999, 51.

oder gar von „bösartig“, „menschlichen Erfindungen“ und „Irrungen“ zu sprechen. Nur das theologische Urteil über die Visionen der Johanna – ein Richter nach den zwei Ursprüngen: „Entweder von Gott gegeben oder vom Teufel vorgegaukelt“ – war also maßgeblich, was auch dem kirchenpolitischen Interesse des englischen Klerus und Königs entsprach.[1]

Was allerdings nur wenigen bewusst ist, ist, dass der Auftritt dieser Johanna eine Jahrhunderte alte Prophezeiung erfüllen sollte. Interessanterweise kommt diese Prophezeiung von derselben Insel wie die einstigen Belagerer Frankreichs: aus Britannien. So soll kein geringerer als Merlin, um den sich verschiedene Legenden, vor allem innerhalb der König Artus-Sage ranken, prophezeit haben, dass eine Johanna aus dem Eichenwald in Lothringen das Königreich Frankreich erretten wird.[2]

Die Identität und die Authentizität des Zauberers, des großen Sehers Merlin, angeblich Sohn eines Dämons[3], festzustellen, ist nicht einfach. Es führen sehr viele Traditionsspuren zu ihm. In der Historia Brittonum erzählt Nennius, ein gelehrter Geistlicher, die Geschichte eines Schlossneubaus, welche als ältester Beleg Merlins gilt. Die Mauern dieses Schlosses stürzen immer wieder ein, sodass der König Vortigern nach einem vaterlosen Jungen schickte, dessen Blut die Mauern erhalten sollte. Nennius lässt die Weisheit des Jungen höher erscheinen als die der Druiden des Königs; denn der Junge nennt den Druiden in einem belehrenden Dialog den wahren Grund für den stetigen Einsturz. Er gibt an, dass ein unterirdischer See die Ursache sei, in dem sich ein roter und weißer Drache befinde. Mit diesem allegorischen Bild symbolisiert der Junge (der spätere Merlin) den zukünftigen Sieg der Engländer über die Sachsen.[4] Merkwürdig allerdings wird es, als Vortigern ihn nach seinem Namen fragt. Denn der Junge antwortete, dass sein

1 Vgl. Holzbach 1999, 57f.
2 Vgl. Krumeich 2006, 26.
3 Vgl. Lea 1997, 3,486.
4 San-Marte 1853, 37ff.; Laszlo 1996, 41, Anm. 29.

Name Embreis Guletic sei – die walisische Entsprechung für Ambrosius (der Heilige).[1] Dass Nennius im gleichen Kapitel zuerst von einem vaterlosen Knaben spricht und dann den Jungen zu einem Nachkommen des römischen Hochadels macht, hat die Forschung beschäftigt. Am naheliegendsten ist, dass Nennius diesen Dialog erfunden hat, „um den aus dem römischen Hochadel stammenden Ambrosius Aurelius unterzubringen, der bei Gildas und auch bei Beda eine so bedeutsame Rolle als genialer Heerführer und als Organisator des britischen Widerstands spielt."[2]

Nun gibt es ebenso walisische Gedichte, die einem „Merrdins" zugeschrieben werden. Sie enthalten eine lyrische und zugleich orakelhafte Kommentierung der Eroberungskämpfe, die seinerzeit in Britannien wüteten, aber auch das befürchtete Zurückdrängen des Druidenkultes durch die Christen. So ist in Strophe 21[3] im Zyklus Avallenau (der Apfelgarten) eine Anspielung auf den König von Nordwales, Owan Gwynedd, sichtbar:

[…]	[…]
Wherw hydd sin Ywein arveu /	Und rauh wird sein der Klang von Oweins Waffen
Amyl i wyr ni wyr ddadleu/	Zahlreich sind seine Männer, aber er kann nicht verkehren (Gemeinschaft halten)
Cynedloed dros foroedd a fordwyeu	Mit solchen, die über die See gekommen sind.

In den Strophen 6 und 16[4] klingt möglicherweise das Zurückdrängen der keltischen Kultur durch die christliche an:

1 Vgl. Laszlo 1996, 41, Anm. 28.
2 Vgl. Laszlo 1996, 42.
3 San-Marte 1853, 77, 86.
4 San-Marte 1853, 67f, 79ff.

[…]	
Och Jesu! na ddyfu fy nihenydd	Oh Jesus! warum bin ich nicht vernichtet worden.
Cyn dyfod ar fy llaw llaith mab Gwenddydd	Bevor ich das Unglück gehabt, den Sohn der Gwenddydd zu erschlagen?
[…]	
A mi a ddysganaf ei bod yn nessaf	Und ich weissage, dass die Zeit nahe ist,
Ac mi mae arnaf ei harynneig	Und dass ich in Furcht vor ihr bin,
Pan fo Duw Dewin ym diffryt i rhag trin	Wenn Gott der Höchste mich von der Sorge befreien wird,
Hyd na bwyf gyfrin ag cissifleit	Damit ich der Vertraute seines Sohnes werde.

Und in Strophe 21[1] des folgenden Zyklus Hoianau (Die Horchenden) wird schließlich das Zurückdrängen der walisischen Kultur zum Ausdruck gebracht:

Olan a pharlechan bydan a fyt	Horch, o kleines Schwein! Eine Zeit wird kommen,
Mor druan ei ddyfod ac ef a ddyfydd	O daß sie kommen muss! – Dennoch sie wird kommen! –
morvyaion moelion gwragedd rhewydd	Weiber werden Buhldirnen, und schöne Mädchen leidig.
Carant ni pharchant eu carennydd	Verwandte werden nicht lieben ihre Sippschafft.

Unter dem Titel *Gwasgargerd Vrydin yn yved* (Prophezeiungen Merrdins aus seinem Grabe[2]) werden schließlich aus diesem Gefühl der Unterdrückung heraus, bestimmte Weissagungen kundgetan, die Auskunft über das zukünftige Schicksal geben sollen:

1 SAN-MARTE 1853, 111.
2 SAN-MARTE 1853, 155ff.

5.

Der weiße Hügel bringwin wird sein Rückhalt sein.
Lange dauernde Täuschung (geuedd) der kymry!
Da wird kein Erretter sein in den Verstecken von Ardudwy

7.

Die Engländer werden nachgehen hereinbrechender Verwüstung.
Eine schwere Arbeit will ich vorhersagen
Dem Kasstell von Aba-Hodney

11.

Verdünnt wird sein eine zeitlang das fette Mahl
Wenn gekommen sein wird der erflehte
Junge Fürst – Weh seiner Wiege (Cryd) (oder: Jammern und Zittern)!

18.

Die Welt wird eine bunte Welt sein----
Sie wird leben schlaff und leer hinhüpfend,
und brechen Eide und Beschwörungen bei den Reliquien

Auch in Bretagnischen Liedern[1] wird Merlin besungen.

Merlin! Merlin! zurück nur kehr' !
Merlin! Merlin! zurücke kehr'
Denn Zaubrer ist nur Gott der Herr!

Rätselhaft bleibt allerdings, dass diese Zeugnisse keinen direkten Hinweis auf eine Prophezeiung einer künftigen Retterin Frankreichs beinhalten. Oder doch? Vielleicht ist diese Prophezeiung auch nur verloren. Sicher ist, dass die Kunde von einer Jungfrau, die das französische Volk wieder vereinen wird, recht populär war und wohl mündlich weitergetragen wurde. Vermutlich ist aber auch eine vorschnelle Deutung eines Satzfragments in der Historia Regum Britanniae des Goeffrey of Monmouth die richtige Spur.

---

1 San-Marte 1853, 211.

Die wohl erste Königschronik über Britannien beinhaltet folgenden Orakelspruch des Merlin[1]:

Ascendet Virgo dorsum Sagitarii, et flores virgincos offuscabit.	Die Jungfrau steigt auf den Rücken des Bogenschützen und verbirgt die Blüte ihrer Jungfräulichkeit

Die französische Schriftstellerin Christine de Pizan schrieb in Strophe 31 ihres Werkes Ditié de Jehanne d'Arc, dass Sibylle, Beda und MerliHn (!) das Kommen der Johanna als Retterin Frankreichs prophezeit hätten.

Car MerliHn, et Sébile et Bede,	Denn Merlin und Sibylle und Beda
Plus de cinq ,cens a la veïrent	Sahen sie vor mehr als 500 Jahren
En esperit, et pour remède	in ihrem Geist voraus und als eine Heilung
A France en leurs escriptz la mirent ;	für Frankreich erwähnten sie sie in ihren
Et leurs prophécies en firent,	Schriften und machten Prophezeiungen über sie.
Disans qu'el pourterait bannicre Es guerres françoises ; et dirent	Sie sagten, dass sie das Banner in den französischen Kriegen tragen würde und sagten genau
De son fait toute la manière.	die Art und Weise voraus, wie sie es machen würde.

Nun muss man wissen, dass Sibylle, Beda und Merlin ab dem späten 12. Jahrhundert in Frankreich häufig zusammen genannt wurden. Die „Entdeckung“ des oben zitierten Satzfragments einer dem Merlin zugeschriebenen Prophezeiung in Geoffrey of Monmouths Historia Regum Britanniae wurde dem Anschein nach vorschnell als ein Hinweis auf Johanna gesehen, wobei die „verborgene Jungfräulichkeit“ als ein Hinweis für ihre Rüstung bereitwillig gedeutet wurde.[2]

1 San-Marte 1853, 28.
2 Fraiou 2000, 61ff.

Aus diesem Versuch, die kulturellen und politischen Umwälzungen zu reflektieren und daran neue Erwartungen anzuknüpfen, lässt sich schließen, dass Merlin bis über die walisischen Grenzen hinaus eine entscheidende Gestalt der Geschichtsbewältigung war, dessen Bedeutung die Franzosen für sich in ihrem Befreiungskampf entdeckten.

Der heilige Malachias und die Päpste

Zu den wunderlichsten Prophezeiungen gehören sicherlich die Vorhersagen über die nächsten Päpste. Noch heute ist es ein beliebtes Unterfangen, zu rätseln, wer der nächste Papst werden könnte. So hat im Jahre 1997 das Zeitmagazin diese Frage zur Titelgeschichte erhoben. Der Journalist Wolfgang Lechner versuchte darüber zu spekulieren, wer Johannes Paul II. beerben wird[1]. Aufgrund rationaler Überlegungen nach den bisherigen Papstwahlen und den getätigten Aussagen der aussichtsreichsten Kandidaten, den *papabili*, urteilend, wies Lechner darauf hin, dass es begründete Vorbehalte gibt, einen Papst aus einem mächtigen Land wie Frankreich, den USA oder Deutschland zu wählen. Heute weiß man, dass wider den Erwartungen tatsächlich ein Deutscher am 19. April 2005 zum Stellvertreter Christi gewählt worden ist.

Während Lechners Überlegungen auf gut recherchierten Argumenten beruhten, haben die Weissagungen des heiligen Malachias etwas Geheimnisvolles. Denn allgemein nimmt ja der Prophet für sich in Anspruch, von Gott beauftragt worden zu sein, eine bestimmte Botschaft zu verkünden. Nun war es schon im Mittelalter sehr beliebt, Papstprophetie zu betreiben. Die Malachiasprophetie unterscheidet sich aber von den anderen, da sie als Zusammenschau einer Welt- und Heilsgeschichte und nicht als „Mittel der Kritik an

---

[1] Wolfgang Lechner 1997, 8–16.

kirchlichen Zuständen" verfasst ist und zugleich am weitesten in die Zukunft reicht.[1]

Malachias, der im 11. Jahrhundert lebte, soll in bestimmten Sinnsprüchen die nachfolgenden Päpste vorausgesagt haben. So sagte er zum Beispiel für den Papst, der das Erste Vatikanische Konzil einberufen sollte und in seinem Pontifikat im Zeichen des Kulturkampfes stand, den Sinnspruch *Crux de cruce* (Kreuz vom Kreuze)[2] voraus. Das Pontifikat, dass Johannes Paul II. inne hatte, soll Malachias unter dem Zeichen *De laboris solis* (unter der Arbeit der Sonne) gesehen haben. Besonders spannend ist, dass Malachias danach nur noch zwei Pontifikate auf seiner Liste hatte. Daraus kann man schließen, dass nach Benedikt XVI., der als Friedenspapst geweissagt wird (*Gloria oliviae*), Papst Petrus II. die vatikanische Bühne betritt, um die Endzeit der Welt anzukündigen.[3]

Und tatsächlich kann man in der Rückschau auf frühere Pontifikate den Weissagungen des heiligen Malachias Verblüffendes abgewinnen. So versuchte zuletzt der kürzlich verstorbene Historiker und ehemalige Leiter des Bayerischen Staatsarchivs, Hildebrand Troll, eine Deutung und stellte die Orakelsentenzen in den geschichtlichen Zusammenhang. Der Leitspruch des Pontifikats Pius IX. steht danach im Zusammenhang des Machtgebarens des Adelsgeschlechts der Savoyen, die 1870 „die Herrschaft Roms" antraten und die Machtstellung des Papstes streitig machten[4]. Dazu passt, dass das Wappen des Papstes ein Kreuz ziert. Nach Troll soll das Kreuz auf die Erlösung und das Leid hinweisen, das durch das Herrschergeschlecht der Savoyer über das Pontifikat Pius IX. gekommen ist. Selbst die Sentenz *De labore solis*, die das Pontifikat Johannes Paul II. betraf, kann nach Troll als ein Hinweis auf die in dieser Zeit stattgefundene Sonnenfinsternis gewertet werden, die seinerzeit immer als ein unheilverkündendes Zeichen gesehen

---

1 Vgl. Loerzer 1989, 241f.

2 Vgl. Truelle 1850, I, 23; Loerzer 1989, 246.

3 Vgl. Troll 1982, 93ff.

4 Vgl. Troll 1982, 77.

wurde. Dieses Unheil könnte man im Attentat auf Johannes Paul II. am 13. Mai 1981 erkennen[1].

Lässt sich also mit diesen Deutungen die Authentizität dieser Papstprophetie belegen? Denn eine bestimmte Weissagung kommt erst dann in den Mittelpunkt des Interesses, wenn sie sich schon teilweise erfüllt hat.[2]

Die Wurzeln des heiligen Malachias liegen in Irland, und zwar in der nordirischen Stadt Armagh. Dort war Malachias im 11. Jahrhundert Erzbischof und machte sich einen Namen als Reformer der keltischen Kirche. Seinen Ruhm begründete die von seinem Freund Bernhard von Clairvaux verfasste Biografie, welcher ebenfalls von der römisch-katholischen Kirche als Heiliger verehrt wird. Dieser zufolge beseitigte Malachias die um sich greifenden sittlichen Missstände und erwirkte eine engere Bindung an Rom. Bernhard zeichnet ihn als einen Kämpfer für die wahre Glaubensüberzeugung mit prophetischer Begabung.

Hätte sich also Lechner nur an die Sentenz *Gloria oliviae* halten sollten, um über die Nachfolgefrage nachzudenken? Jedenfalls haben viele Deutungslustige in Erwägung gezogen, dass Jean-Marie Lustiger, Kardinal und Erzbischof von Paris, der nächste Papst werden könnte, da zu ihm der Sinnspruch *Gloria oliviae* am besten passen würde[3]. Denn Lustiger war als Junge vom Judentum zum Christentum konvertiert und gehörte zum ausgewählten Kreis um Papst Johannes Paul II. Als Lustiger dann am 18. Mai 2005 nach Rom fuhr, um am Konklave teilzunehmen, soll er noch gesagt haben: „Alles ist möglich".[4] Und er behielt recht. Es wäre zwar noch zu früh, das Pontifikalamt Benedikts XVI. im Wahrspruch des glorreichen Olivenzweigs zu erkennen, es stellt sich aber die Frage, ob sich nicht daran eher die menschliche Bereitschaft zeigt, die zukunftsweisenden Sentenzen des heiligen Malachias in der Gegenwart erkennen zu wollen. Schon sehr früh wurde diese Schrift nämlich als eine Fälschung aus

1 Vgl. Troll 1982; Loerzer 1989, 256.

2 Vgl. Troll 1982, 16.

3 Z.B. Galileo 2005.

4 Vgl. Stern 2005.

dem 16. Jahrhundert erkannt. So muss schon misstrauisch stimmen, dass die Weissagungen mit keiner Handschrift belegt sind, die der ersten Buchausgabe durch den Mönch Arnold Wion zugrunde lagen[1]. Nach eingehender Prüfung der Entstehungsgeschichte schließt Hildebrand Troll darauf, dass die Weissagungen von Philipp Neri verfasst worden sein dürften, einem Geistlichen und Charismatiker aus dem 16. Jahrhundert, von dem „mystische Zustände, aufsehenerregende Heilungen, Weissagungen und Voraussagen mannigfacher Art glaubwürdig bezeugt sind".[2] Es ist anzunehmen, dass diese Weissagungen im Zusammenhang mit der Gegenreformation stehen könnten, zu deren Einflussgebern Neri zählt. Einen Beleg für die Verfasserschaft Neris findet Troll in einem Brief vom 13. März 1750 von Kardinal Lorenzo Ganganelli, der 1769 als Papst Clemens XVI. die geschichtliche Bühne betrat, an Kardinal Marcello Crescenzi. Darin heißt es: „In tiefster Ehrfurcht küsse ich Ihnen die Hände in Erwartung des Augenblicks, in dem wir ihnen die Füße küssen werden, wenn die dem Filippo Neri zugeschriebene Prophezeiung, von der unterdes jedermann spricht, eintrifft." Die jüngeren Weissagungen, die die Sentenzenliste ergänzten, stammen der Ansicht Trolls nach von Alfons Ciaconius, einem Dominikaner, der als ausgewiesener Katakombenforscher und Papsthistoriker galt[3], der von Wion selbst im Zusammenhang der Entstehungsgeschichte ins Spiel gebracht wurde.

Wenn auch nicht ganz geklärt werden konnte, wie diese Prophetien entstanden sind, bleiben sie doch ein Stück Literatur, das sich an der Schwelle des Zeitalters der Aufklärung ins Bewusstsein der Menschen tief eingegraben hat. Vermutlich erfüllen die Weissagungen den Zweck, im Zeichen der Erneuerung des Katholizismus im Geiste des Trienter Konzils den göttlichen Auftrag hervorzuheben und damit den Hoheitsanspruch der katholischen Kirche. Und

---

1 Vgl. Troll 1982, 9.
2 Vgl. Troll 1982, 94.
3 Vgl. Troll 1982, 98f.

möglicherweise hat Neri den heiligen Malachias als Urheber seiner Weissagungen „entdeckt", um ihnen die nötige Authentizität zu verleihen. So bietet die Biografie des heiligen Bernhards über seinen Freund Malachias eine Stelle, die offenbar elegant genutzt wurde. Obwohl Clairvaux zwar erwähnt, dass die Weissagungen des Malachias nie Päpste betrafen, genügte offenkundig die Herausstellung seiner Sehergabe, um Malachias die Verfasserschaft zuzuschreiben. Vielleicht hat Neri auch vieles von sich in Malachias entdecken können und ihn als sein Vorbild gesehen. Wie er war auch Malachias ein führender Kopf einer Reformbewegung.

Für das Volk bleibt nach wie vor das beliebte Spiel erhalten zu fragen, wer der Nachfolger des Papstes wird. Wen die Wahl trifft, bleibt immer ein Rätsel. Oder wie Lustiger selber meinte: „Alles ist möglich".

Die heilige Hildegard und der Antichrist

Im Oktober rief Papst Benedikt XVI. die Benediktinerin Hildegard von Bingen, die zwischen 1098 und 1179 gelebt hat, als Kirchenlehrerin aus. In seinem Apostolischen Schreiben vom 7. Oktober 2012 begründet er dies durch ihre in einer klaren Sprache sich zeigenden intellektuelle Nächstenliebe, die sich in ihren Verdiensten in der Erneuerung der Theologie, insbesondere der Liturgie, in neuartigen Impulsen für die Naturwissenschaft, insbesondere der Medizin, der Musik und nicht zuletzt in ihren individuellen Visionen im Geiste ihrer göttlichen Berufung zeigte.[1]

Sehr lange hat sich die römisch-katholische Kirche Zeit gelassen, der deutschen Prophetin, wie sie schon lange genannt wurde, diese vollkommene Wertschätzung zuteilwerden zu lassen. Erst am 10. Mai 2012 wird diese bemerkenswerte Christin heiliggesprochen, die eigentlich im

[1] Litterae Apostolicae 2012.

Volksglauben schon lange die Aura einer Heiligen hatte. Wie kann man sich das lange Zögern des Heiligen Stuhls also erklären? Tatsächlich muss Hildegard eine recht eigenwillige Erscheinung gewesen sein. Dafür spricht, dass sie schon sehr früh die Selbstkasteiungspraxis offen in Zweifel gezogen hat, die bei den Geistlichen seinerzeit sehr verbreitet war, um die Qualen Christi nachzuempfinden. Auch soll unter ihrer Klosterleitung die Regel des Benedikts großzügiger ausgelegt worden sein. Als Kind ihrer Zeit hat Hildegard die theologische Lehre und ihre rationale Beobachtungsgabe aufs Besondere miteinander verquickt, sodass oft gängige Vorstellungen zweifelhaft erschienen und besondere Tabus gebrochen wurden. In klarer Sprache veröffentlicht sie in ihrem Buch *Causa et curiae* eine für die damalige Zeit ungewöhnliche Beschreibung der Geschlechtlichkeit von Mann und Frau. So beschreibt sie wohl aufgrund ihrer Erfahrungen bei der Krankenpflege und Geburtshilfe in einer vermutlich in ihrer klösterlichen Umgebung befremdlich erscheinenden, klaren Weise beispielsweise den Geschlechtstrieb, die Menstruation der Frau als auch, wohl als erste, die Pollution in Vergleich zum eigentlichen Ejakulat beim Geschlechtsverkehr[1]:

> Minderjährige Mädchen besitzen diese ausströmenden Bächlein des monatlichen Blutflusses noch nicht und können daher auch noch keine Nachkommenschaft empfangen, weil ihre Organe noch nicht voll ausgebildet sind; so nennt man ja auch ein Haus noch nicht fertig, wo wohl schon der Grundstein gelegt, aber die Mauer noch nicht ausgeführt wurde. (Übers. H. Schippers)

> Das Feuer des Markes zündet nun die Geschlechtslust an, die noch den Geschmack der ersten Sünde an sich trägt; danach erregt die Geschlechtsgier zusammen mit diesem Lustgeschmack gleichsam wie ein Sturm die Glut im Blute, so dass das Blut einen Schaum hervorbringt und diesen Schaum, der Milch gleich, zu den Höhlungen der Geschlechtsorgane zusammen mit einer süßen

1 Hildegard von Bingen 1957, 179f., 205f., 208.

> Empfindung hingeleitet, weil er nämlich dann schon gekocht und reif ist […]
>
> Bei einem Erguss des Samens ohne jedes Traumspiel und rein aus der Natur heraus, wie es dem Menschen im Schlaf passieren kann, wird die Glut im Mark nicht in Bewegung versetzt, woher aus jedem Samen gleichsam wie ein durch wenig Glut lauwarm gewordenes Wasser ausgestoßen wird. (Übers. H. Schipperges)

Tatsächlich war Hildegard von den Lehren der antiken Medizin, von Galen und sogar von Hippokrates, stark beeinflusst. Bei Letzterem hat sie nachweislich bestimmte Abschnitte übernommen, um diese biologischen Sachverhalte mit „sprachlichem Schwung" und „dichterischer Dramatik" darzubringen.[1] Besonders revolutionär war eigentlich, dass sie beispielsweise bei der Beschreibung des Geschlechtsakts die Liebesbeziehung von Mann und Frau nicht als besonderen Ausdruck zur Liebe Christi in den Mittelpunkt stellte, wenn auch mit für moderne Ohren recht zweifelhaften Schlussfolgerungsversuchen:

> Wenn ein Mann sowohl mit dem Erguss eines kräftigen Samens als auch in der rechten Liebe und Zuneigung zu einer Frau den Beischlaf ausübt, und wenn dann die Frau gleichzeitig und gleichermaßen die rechte Zuneigung zum Manne aufbringt, dann wird ein männliches Wesen empfangen, weil es Gottes Ordnung so will. (Übers. H. Schipperges)

In dieser Weise hatte sich zumindest innerhalb der Kirche bisher niemand in dieser Weise zur Sexualität geäußert. In der Argumentationspraxis der Päpste spiegelte sich eher die Anrüchigkeit der Sexualität, die allein in der Obhut des Sakramentes der Ehe, also einer von Christus selbst eingesetzten Institution, ihre Berechtigung hatte. Noch gut dreihundert Jahre nach Hildegard hat Papst Eugen IV. in der Bulle über die Union mit den Armeniern, Exsultate Deo,

[1] Holzbach 2000, 181f.

vom 22. November 1439 im Rahmen des Konzils von Florenz unmissverständlich das dreifache Gut des Sakramentes der Ehe herausgestellt. Somit steht an erster Stelle die Zeugung von Nachkommenschaft, die „zur Verehrung Gottes" erzogen werden soll, an zweiter die gegenseitige Treue der Eheleute und an dritter Stelle die Untrennbarkeit der Ehe, da in dieser eine untrennbare Verbindung zu Christus eingegangen wurde.[1]

Offenbar war Hildegard ihrer Zeit weit voraus, ein Freigeist und zugleich eine gefolgsame Christin, die im Geist des Universalgelehrtentums des Mittelalters auch eine Heillehre entwickelte, die noch heute in der Medizin kontrovers diskutiert wird. Möglicherweise spiegelt dies ihre Erziehung wider – sowohl anfangs in ihrem adeligen Elternhaus als auch ihre klösterliche Erziehung, vor allem seit dem achten Lebensjahr durch ihre Ziehmutter Jutta von Sponheim, der Magistra der Frauenklause auf Kloster Disibodenberg. Doch diese Aktivitäten und der ausgeprägte Forschungsdurst dieser ungewöhnlichen Benediktinerin beschäftigten die Kirche zunächst nicht. Allein ihre Sehergabe war Anlass, diese einer Prüfung zu unterziehen. Hildegard behauptet selbst, dass sich bei ihr die Sehergabe früh gezeigt habe, dass sie sich jedoch als Kind nicht dazu äußern konnte (Vitae 98 [2]). In ihrem wohl bekanntesten Werk, *Scivias*, äußert sie sich folgendermaßen:

> Die Kraft und das Mysterium verborgner, wunderbarer Gesichte erfuhr ich geheimnisvoll in meinen Innern seit meinem Kindesalter, das heißt seit meinem fünften Lebensjahre, so wie auch heute noch.[3] (Übers. M. Böckeler)

Was natürlich die Kirchenoberen sich fragten, war, ob diese Sehergabe tatsächlich von Gott kam oder vom Leibhaftigen. Die Angst, vom Teufel in Besitz genommen zu

---

[1] vgl. Denzinger 2001, 450.

[2] Hildegard von Bingen 1972, 71.

[3] Hildegard von Bingen 1954, 89.

werden, war im Mittelalter weit verbreitet. Auf dem Konzil im Lateran vom 11.–30. November 1215 wurde die Gefahr erkannt, die von Irrlehren ausging, welche von Eingebungen des Teufels kämen. Ebenso gab es die spätjüdische Vorstellung des Antichristen, der in den Evangelien als falscher Prophet bzw. als falscher Apostel bezeichnet wird. Dieser Antipode Christi, der vor dessen Wiederkunft in Erscheinung tritt, war im Mittelalter der Inbegriff des gefürchteten Verführers innerhalb der Kirche selbst. Auch das Denken der Hildegard hat diese Vorstellung beeinflusst. Ihre Prophezeiung vom Antichristen ist wohl durch die Beschreibungen der Offenbarung (vor allem Offb 12ff) inspiriert. Interessant hierbei ist, dass der in der Offenbarung beschriebene Akt der Erlösung durch den von Gott geschaffenen neuen Himmel und der neuen Erde (Offb 21f) bei Hildegard in ethischer Kommentierung anklingen. Sie spricht von der erlösenden göttlichen Kraft der Tugend, die den Antichristen herabwerfen wird und betont, dass nur durch das Festhalten an das durch die Taufe besiegelte Bekenntnis zum wahren Glauben dem Antichristen, dem Teufel, Einhalt geboten werden kann.[1]

> 37) Der Antichrist ist nach ihr der Sohn des Verderbens, eine Ausgeburt und ein Abkömmling des Bösen, der Geist des Unglaubens und der Selbstsucht, der unter dem äußeren Scheine des Wahren, Guten und Göttlichen sich unter die rechtschaffenen Menschen und ächten Gottesverehrer mischt, um sie zu verführen.
>
> 44) Aber wenn er sich mit teufelischer List wird erhoben haben, so wird er durch die göttliche Kraft der Tugend wieder herabgeworfen werden, und der Gestank von Schwefel und Pech wird ihn empfangen, so daß auch die Völker, welche ihm zur Seite stehen, in die Festungen der Berge entfliehen.
>
> 45) Denn ein so großer Schreck wird die, welche dieß sehen und hören, erfassen, daß sie, dem Teufel und dem Sohne desselben

[1] Vgl. Truelle 1850, II, 109ff.

entsagend, zu wahrem Glauben der Taufe sich wenden. Nach dem Untergange des Antichrists wird der Ruhm und die Ehre Christi, des Sohnes Gottes, verherrlicht werden. Mit dieser freudigen Aussicht auf den glorreichen Sieg des Christenthums über alle verderblichen Lehren und Bestrebungen des Antichrists endigen die ebenso geistreich gedachten, als dichterisch aufgefaßten Prophezeiungen der Heiligen Hildegarde!

Und wie bei jeder Prophezeiung „fand" man auch hier sogar Anhaltspunkte, die Sentenzen auf bestimmte historische Geschehnisse zu beziehen. Und einmal mehr zeigt sich die Sehnsucht der Menschen, Prophezeiungen gern für wahr zu halten.

Die Entscheidung des Papstes Eugen III. auf der Synode von Trier 1147/48, bei der die gesamte Geistlichkeit versammelt war[1], fiel nach eingehender Prüfung insbesondere ihrer Schrift *Liber Scivias*, aus der er sich vorlesen ließ, positiv aus. Sie bekam vom Papst, dem einstigen Schüler Bernhards von Clairvaux, die Erlaubnis, ihre Visionen zu veröffentlichen.[2] Diese Erlaubnis kam einer kirchlichen Akkreditierung ihrer göttlichen Sehergabe gleich, sodass sie sich von ihrem Abt schließlich lossagen konnte, um ihr eigenes Kloster zu gründen. Ganz gleich wie man Hildegards Sehergabe einschätzt – ob tatsächlich auf tief empfundenen Glauben zurückzuführen oder auf durch den Verzehr bestimmter Pflanzen zurückzuführende gewisse Halluzinationen[3], sie hat es geschafft, diese Gabe strategisch zu nutzen und durch ihre unerschrockenen Eingriffe in die Weltpolitik ihre Intellektualität zu beweisen. So kritisierte sie als Advocatus populi offen die Missstände der Kirche: „Die Prälaten sind Räuber der Kirchen; ihre Habgier verschlingt alles, was sie erreichen können; sie machen uns mit ihren Bedrückungen arm und beflecken sich....".[4]

---

1 Norda 2007, 12.
2 Probst 2010, 17.
3 Vgl. Frenschkowski 2003,122
4 Vgl. Lea 1997, 1, 57f.

Auch stand sie in reger, fast vertrauter Korrespondenz mit dem Kaiser Friedrich Barbarossa, unter dessen weltlichem Schutz auch ihr neu aufgebautes Kloster am Rupertsberg bei Bingen stand.

Vielleicht gerade wegen ihrer selbstbewussten Forschungstätigkeit, ihrer eigenwillig politischen Betätigung oder der ständigen Frage, ob ihre göttliche Sehergabe wirklich im Dienste der Kirche stand und deren kirchenpolitischen Vorstellungen entsprach, haben es die Kirchenoberen lange schwer gehabt, sie gänzlich zu würdigen. Noch im Jahr 1895 kam ein Buch, das sich mit den Werken Hildegards auseinandersetzt[1], auf den berüchtigten Index Librorum Prohibitorum. Und man darf erstaunt sein, dass erst rund 1000 Jahre später sich Papst Johannes Paul II. in seinem Apostolischen Mahnschreiben, Familiaris consortio, vom 22. Nov 1981 über die Berufung des Menschen zur Liebe schrieb: „In wahrhaft menschlicher Weise wird Sexualität nur vollzogen, wenn sie ein Bestandteil der Liebe ist, mit der sich Mann und Frau bis zum Tod ganz aneinander binden.“[2]

4. NEUZEITLICHE PROPHETEN

Seit dem Aufkommen des Humanismus wagte man das antike Erbe neu zu durchdenken und kritisch zu hinterfragen. Heinrich Cornelius Agrippa von Nettesheim hat sämtliche Aspekte der Zukunftsdeutungskunst einschließlich der Magievorstellungen der Römer und der Griechen exemplarisch zu verstehen gesucht – von der Wahrsagung der Auspizien und Augurien über die Opfertier- und Naturdeutun-

1 Es handelt sich hierbei um: Documenta quaedam s. scripturae cum doctrina s.Hildegardis de rationalitate (v Migne 888 D., et Pitra 249, III. – 511 ABCD), et de antiquo dierum von Damoiseau, Augustinus.

2 Vgl. DENZINGER 2001, 1417ff.

gen.[1] Nach rationalen Gesichtspunkten sind diese Techniken der Weissagung aus astronomischen Figuren oder der äußeren Statur des Leibes „erlogen“, beliebiges Geschwätz und bloße Mutmaßungen, die „aus Influenz der Gestirne, teils aus ihren Gleichnissen hergenommen sind, da doch nichts Betrüglicheres als dieses kann gefunden werden.“[2] Auch Michel de Montaigne hält die Popularität der „Vorherverkündigungen“ aus den Gestirnen, durch die Vermittlung von Geistern, aus der Leibesbildung oder sogar aus den Träumen für ein merkwürdiges Beispiel „der unsinnigen Begierde unserer Natur, welche die zukünftigen Dinge zum voraus erfahren bemühet“ ist, „als wenn sie nicht genug zu thun hätte, wenn sie die gegenwärtigen recht in Acht nehmen will!“[3]. Aufälligerweise wird jedoch die weissagende Theologie kraft des Heiligen Geistes auch von den Gelehrten nicht infrage gestellt. Eher wird, wie es schon in biblischer Zeit üblich war, vor falschen Propheten gewarnt. So schreibt von Nettesheim ganz klar: „Gleichwie die Weissagung ist eine Rede der Propheten, also ist diese Theologie nichts anderes, als eine Tradition der wahren Theologen oder mit Gott Redenden. Aber gleichwie derjenige, welcher etwas Prophetisches vorbringet oder zu verdolmetschen weiss, nicht alsobald ein Prophet ist, sondern erst derselbe, welcher in göttlichen Sachen mit Heiligkeit und andern göttlichen Tugenden begabt ist.“ Auch Montaigne bemerkt: „Das Wahrsagen ist eine Gabe Gottes: daher ist es ein strafbarer Betrug, wenn einer dasselbe mißbraucht.“[4] Im 19. Jahrhundert kam es sogar innerhalb der Kirche zu einer neuen Deutung der biblischen Weissagungen. So zeigen die Verkünder des neuen Weges in der Fortführung des jüdischen Prophetentums und in der Nachfolge Jesu, wie sich die Verwirklichung des Heilsplans von der Königsherrschaft Gottes im geschichtlichen Handeln vollzieht.[5] In dieser Hinsicht galt es, die Glaubenswahrheit

1 Nettesheim 1997, 109–135.
2 Nettesheim 1713, 1,119f.
3 Montaigne 1992, 65.
4 Nettesheim 1713, 2,156.
5 Prieur 1996, 281f.; Holzbach 2006, 222.

und Botschaften der "richtigen Propheten" hervorzuheben und auf die ständige Gefahr durch dämonische Mächte und den volkstümlichen Aberglauben hinzuweisen.

Aus diesen Gründen hat die Kirche relativ früh auf alle Arten der Weissagungstechniken, die gerade dem Zeitgeist entsprachen, reagiert, vor allem in Hinblick auf esoterische Christenkreise. So hat in einem Brief an Venerius von Mailand Papst Anastasius I. um 401 geschrieben, dass man der Astrologie oder Mathematik (sic!) keinen Glauben schenken solle. Auf der 1. Synode von Braga wurde in der offenen Kritik gegen den Priszillianismus klar gegen eine esoterische Denkrichtung mit einem gnostisch-dualistischen Weltbild Stellung bezogen, „das sich mit Sternenglauben und astrologischen Praktiken verband"[1]. Rund tausend Jahre später wurden schließlich durch das Konstitutionsdekret *Dominici gregis custodiae* von 1564 „alle Bücher und Schriften der Erdwahrsagerei, Traumdeutung, Handlesekunst, Totenwahrsagerei oder in denen von Zaubereien, Giftmischereien, Weissagungen, Vogelschauen oder Zauberformeln der magischen Kunst die Rede ist", verboten.[2]. Während des 19. Jahrhunderts hielten liberalere Ansichten in die Kirchenlehre Einzug. Papst Pius IX. schrieb in der Schrift Syllabus, einer Sammlung von Irrtümern, dass die in der heiligen Schrift geschilderten und erzählten Weissagungen und Wunder Märchen von Dichtern seien. Allerdings wurde diese liberale Sicht, die sich seit von Nettesheim in den neuzeitlichen Abhandlungen wiederfinden lässt, von der Kirche zu Beginn des 20. Jahrhunderts etwas relativiert. Da der Religion der gleiche Rang eingeräumt wird wie der menschlichen Vernunft, „wollte Gott, dass mit den inneren Hilfen des Heiligen Geistes stets äußere Beweise seiner Offenbarung verbunden werden, nämlich göttliche Taten und vor allem Wunder und Weissagungen, die Gottes Allmacht und unendliches Wissen klar und deutlich zeigen."[3] Papst

[1] Denzler 2004, 478.
[2] Denzinger 2001, 581f.
[3] Denzinger, 2001, 812f.

Paul X. betonte in einer Schrift über das Buch des Jesaja den wahren Charakter der Weissagung. Denn die Propheten haben aufgrund einer übernatürlichen Erfahrung des vorherwissenden Gottes die Zukunft verkünden können und nicht aufgrund eines guten Gespürs und des Scharfsinns des natürlichen Geistes. So wurden die Impulse des 1. Vatikanischen Konzils aufgenommen, um die Weissagungstätigkeit der biblischen Propheten als ein Zeichen einer besonderen Glaubenswahrheit zu postulieren. Auch als im 19. und Anfang des 20. Jahrhunderts die Spiritistensitzungen, die Séancen, recht populär waren und die Hypnose als psychotherapeutische Therapiemethode neu aufkam und auch von so genannten Heilkünstlern und Kurpfuschern verwendet wurde, hat die Kirche durch Papst Benedikt XV. in einem Dokument vom 24. April 1917 reagieren müssen. Danach werden u.a. spiritistische Unterhaltungen strikt abgelehnt, auch wenn „sie den Anschein von Ehrlichkeit und Frömmigkeit an den Tag legen“[1]. So kristallisierte sich die Sicht einer theologischen Glaubenswahrheit in den Weissagungen heraus, die in Koexistenz zu der menschlichen Vernunft steht.[2]

Dennoch hielt sich in jener Zeit hartnäckig der eher naive Glaube von der Zukunftsseherei und Zauberei. So konstatiert Pierre Bayle, dass gerade die Astrologie Betrug sei, die „sich dennoch eine Art der Herrschaft über die ganze Welt verschafft hat.“[3] Und Johann Gottlieb Fichte stellt ferner fest, dass es unter allen Völkern „Gemüther“ gibt, „die noch immer nicht glauben können, dass die großen Verheissungen eines Reichs des Rechtes, der Vernunft und der Wahrheit an das Menschengeschlecht eitel und ein leeres Trugbild seyen, und die daher annehmen, dass die gegenwärtige eiserne Zeit nur ein Durchgang sey zu einem besseren Zustande.“[4]

In der Tat tut sich der Verdacht auf, dass einige Gelehrte in der Frühzeit des neuen kritischen Denkens, etwa Kepler und Nostradamus, mit ihren Horoskopen und Visionen nur

[1] Denzinger 2001, 985ff.
[2] Denzinger 2001, 812f.
[3] Bayle 1741, 18, 65.
[4] Fichte 1808, 14, 498.

den Menschen das gaben, wonach sie verlangten – um Geld zu verdienen, bekannt zu werden und ggf. in diesen Orakeln versteckt Sozialkritik zu üben. Daneben darf auch nicht übersehen werden, dass aus dem biblischen Denkkosmos heraus auch überaus Gebildete wie Swedenborg dem Anschein nach überzeugt waren, einen Zugang zu unsichtbaren Geisteskräften zu haben und eine Fähigkeit vorgaben, in die Zukunft sehen zu können.

Nostradamus und die ewige Angst vor dem Untergang

Vermutlich gehört Michel de Nostredame, Spross einer jüdischen Familie im Süden Frankreichs des 16. Jahrhunderts, zu dem erlauchten Kreis von Sehern, die mit ihren Prophezeiungen wohlhabend und berühmt geworden sind. Noch heute gibt es ernsthafte und weniger ernsthafte Bemühungen, seine schwer zu verstehenden Centurien zu entschlüsseln. Etwa indem die Wörter in seinen Schriften gezählt werden oder ein anagrammatischer Sinn hinter den Orakeln vermutet wird. Als Beweis für die Weitsicht dieses Sehers dienen bestimmte Sinnsprüche, die auf bestimmte vergangene geschichtliche Ereignisse hindeuten sollen. So werden die Centurien 1/70 und 5/16 beispielsweise zu einem Hinweis auf die Bedrohung aus dem Nahen Osten und den von Nostradamus vorausgesehenen Kampf um das Öl.[1]

> Gegen Antwerpen ziehen Gent und Brüssel,[2]
> Zum Tode führt den König der Lond'ner Senat;
> Salz und Wein passen nicht in seine Schüssel
> So kommt durch ihn in Unordnung der Staat.

---

1 Vgl. Allgeier 1999, 12ff.

2 Folgende Zitate aus den Prophezeiungen des Nostradamus: Truelle 1850, II,201ff.

Dieser Orakelspruch hingegen soll auf die Hinrichtung Karls I. von England hindeuten, „mit welcher gerade auch ein Zug Gents und Brüssels gegen Antwerpen zusammenfiel".

Handeln wir sehr weislich dann ein Bourbone,
Welchem die Justiz in Händen ruht
Der Name trägt von seinem Blut,
Für die Flucht das Urteil an ihm vollstreckt.

Dieser Vierzeiler soll auf die Enthauptung Ludwig XVI. und die gesamten Wirren in der französischen Revolution anspielen.

Selbst die Nationalsozialistische Zeit soll Nostradamus vorausgesagt haben:

Deutschland wird verschiedene Sekten gründen,
Die dem goldenen Heldentum sich nahen,
Das gefangene Herz, die kargen Renten
Maßen sich den wahren Zehnten an.

In der Tat erinnert die geschichtliche Zuordnung bestimmter Prophezeiungen an den Umgang mit den Weissagungen Hildegard von Bingens (siehe oben). Und so sind solche Prophezeiungen zu Propagandazwecken missbraucht worden – ganz gleich ob man daran glaubte oder nicht.[1]

Der bekannte Nostradamusforscher Manfred Dimde allerdings geht noch einen Schritt weiter. Er versucht mit bestimmten computerbasierten Textuntersuchungen einen versteckten Text hinter dem Text herauszufiltern, und will so herausgefunden haben, dass im 21. Jahrhundert der Dritte Weltkrieg, die unbegrenzte Energie zum Nulltarif, das Erlöschen der Sonne für drei Tage und die Möglichkeit, drei-

[1] Eine Sammlung von bestimmten Dokumenten aus dieser Zeit: http://www.nostradamus-online.de

hundert bis vierhundert Jahre alt zu werden bevorstehen bzw. möglich sein würde.[1]

Man sollte es sich nicht so einfach machen, Nostradamus eilfertig als einen Wichtigtuer oder Phantasten abzutun. Denn er gilt als äußerst gelehrt, scharfsinnig und sanftmütig, freundlich und zugleich sehr schweigsam, was im Einklang zu seiner äußeren Erscheinung von mittelgroßer Statur stand. Sogar die erfolgreiche Bekämpfung der Pest trug ihm einen gewissen Namen ein, wenn auch umstritten ist, ob er tatsächlich eine Abhandlung über Rezepturen gegen die Pest verfasst hat[2] und ob er ein ausgebildeter Arzt war. Jedenfalls hat er durch sein vorzügliches pharmazeutisches Wissen sich selbst und viele Menschen vor dieser Krankheit bewahren können, allerdings nicht seine Familie, was zu unschönen Spekulationen führte und wohl zeigt, dass Nostradamus' ärztliche Kunst nicht ganz ausgereift war. Seine Almanache, eine Art landwirtschaftliche Kalender, in denen er aufgrund astronomischer Sachverhalte Wettervorhersagen und Empfehlungen gab, wo man säen und pflanzen könne, wurden Bestseller. Das hatte zur Folge, dass geschäftstüchtige Verleger eigene, nicht von Nostradamus verfasste Almanache drucken ließen, worunter Nostradamus' Ruf natürlich litt.

Jedoch wäre er wohl heute in Vergessenheit geraten, wenn er sich nicht auch als Zukunftsseher betätigt hätte. Weltruhm erhielt Nostradamus als Verfasser seiner prophetischen Schriften, jedoch erst als er im Ruf stand, von Königen und Fürsten als Seher geachtet zu sein. So waren vor allem Geschichten über seine Begegnungen mit Katharina de Medici schon bald ein Beleg, dass seine weiteren Zukunftsausblicke der Wahrheit entsprachen. Im Jahre 1556 ließ Katharina de Medici Nostradamus erstmals zu sich holen. Er prophezeite, dass alle ihre vier Söhne nacheinander den französischen Thron besteigen würden, was sich dann auch im Laufe der Geschichte erfüllen sollte. Zwei Jahre später, 1558, soll er vo-

[1] Dimde 2011, 13f.

[2] Guinard: http://cura.free.fr/dico5ct/609Bext59.html (6.6.2012).

rausgesagt haben, dass Heinrich II., der Gemahl der Katharina de Medici, bei einem Turnier geblendet und daraufhin sterben würde. Nur ein Jahr später ging diese Weissagung in Erfüllung. Im Jahre 1564 suchte dann sogar Karl IX. mit Katharina de Medici, seiner Mutter, Nostradamus persönlich auf. Insgeheim soll er ihr noch einmal geweissagt haben, dass ihr Lieblingssohn den Thron besteigen werde. Es ist müßig zu mutmaßen, wie Nostradamus von der raschen Thronfolge (Franz II., Karl IX., Heinrich III.) gewusst haben kann.[1] Anzunehmen ist, dass solchen Begegnungen etwas hinzugedichtet wurde, jedenfalls brachten sie Nostradamus' Gegner zum Verstummen.

Besonders aufschlussreich ist sein testamentartiger Brief an seinen Sohn César, den er seinen Centurien voranstellt.[2] Dort gibt er einen Einblick, wie er zu seinen Erkenntnissen gekommen ist. Er schreibt darin, dass er sein Wissen seinen astronomischen Beobachtungen verdankt („was die Gottheit durch astronomische Umwälzungen mir kundgegeben, um dir nach dem körperlichen Erlöschen deines Erzeugers eine Erinnerung zu hinterlassen"). Seine prophetischen Vierzeiler seien, so Nostradamus, aus Rücksicht vor den Hörern so undeutlich abgefasst worden und „in dunklen und verworrenen Sätzen" formuliert worden. Sogar Heinrich II. selbst schreibt: „Die Unbill der Zeit, durchlauchtigster König, erfordert, dass solche verborgenen Ereignisse nur in rätselhafter Sprache geoffenbart werden."[3]. Denn sie beruhen allein auf göttlicher Inspiration. Man mag sich fragen, warum Manfred Dimde dann den Versuch einer Verdeutlichung dieser Prophezeiungen unternimmt. Unbestreitbar bringt Nostradamus mit dieser Erklärung an seinen Sohn eine gewisse Spannung herein, die dazu einlädt, sich den ernsthaften Studien der Centurien zu widmen, ebendieser prophetischen Vierzeiler. Der letzte Satz im Brief an seinen Sohn César – „Schließlich denn empfange, mein Sohn, dieses Ge-

1 ROESCH 1850, 17ff.
2 ROESCH 1850, 243ff.
3 Vgl. LOERZER 1989, 229.

schenk deines Vater Michael Nostradamus, der dir eine jede Weissagung der vorliegenden Strophen zu erklären hofft und zum unsterblichen Gotte betet, dass er dir langes Leben und Glück und Gesundheit verleihen möge"[1] – hat einen gewissen testamentarischen Anspruch, so als ob Nostradamus ihm die Verlagsrechte an den Centurien als eine Art Mitgift überreichen möchte.

Die Annahme, dass Nostradamus sich die antike Orakelkultur zum Vorbild genommen hat, ist naheliegend. Er begriff sich als ein Medium, und zwar als Fragesteller und Antwortgeber in einer Person, auf dem Dreifuß sitzend. Vermutlich war Nostradamus auch nur ein Schlitzohr, der dem Volk das gab, was es verlangte. Der Glaube, dass besonders Begnadete in die Zukunft blicken können, hat sich bis heute erstaunlich im Volksgefühl erhalten. Besonders bemerkenswert ist die historisch belegte Erzählung von dem geraubten Kirchenschatz in Orange[2], vermutlich in der ehemaligen Kathedrale Notre-Dames-de-Nazareth in Orange, in der Nostradamus als Seher bei der Suche nach den Dieben und der Wiederbeschaffung des Raubgutes helfen sollte. Allein der mahnende Brief, den er an den Bischof von Orange schrieb, offenbart einen vermutlich psychologischen Trick. Denn in dem Brief, den der Bischof öffentlich verlesen soll, prophezeit Nostradamus den grausamen Tod der Diebe, wenn der Kirchenbesitz nicht zurückgegeben wird, und droht mit göttlicher Rache: „Man sieht, dass Gott Rache an denen nimmt, die den heiligen Tempel für Weltliches mißbraucht haben."[3]

Obwohl einige Horoskope, die Nostradamus für bestimmte Zahlungsfähige stellte, sich als falsch erwiesen, sollte man bedenken, dass Nostradamus seinerzeit nicht der einzige Gelehrte war, der zum Zwecke des Gelderwerbs astrologische Prognosen verfasste. Auch der große Astronom Kepler soll Wallenstein Horoskope erstellt haben, die sich

1 Roesch 1850, 254.
2 Vgl. Ernst 1985, 33ff.
3 Ernst 1986, 35.

zudem als zutreffend herausstellten.[1] Während jedoch Kepler von der volkstümlichen Astrologie zu einem aufgeklärten Sternenglauben hinausweisen wollte[2], hat Nostradamus eher mit aufgeklärtem Verstand an der populären und nicht wenig unterhaltsamen Astrologie festgehalten. Denn gegen die Wahrsagekunst aus der Astrologie heraus hat schon Agrippa von Nettesheim, siebzehn Jahre älter als Nostradamus, sich geäußert:

> Die Astrologie besteht in dem, dass man was zuvor sagen kann, und gleich wie man gelegentlich ein Buch aufschlagen und zufällig auf einen Vers treffen kann, der wie eine richtige Prophezeiung aussieht, so geschiehts bisweilen, dass man dadurch ohngefähr was Wahres hersaget, und solches nicht aus der Kunst des Wahrsagers, sondern nur bloss aus dem Glücke. Das bezeuget auch Ptolomäus, wenn er spricht: Scientia stellarum, ex te et illis. Das ist: Die Wissenschaft der Sterne ist aus dir und aus ihnen. Womit er anzeigen wollte, dass die Wahrsagung der verborgenen und zukünftigen Sachen nicht sowohl herkomme aus der Observation der Sterne, als aus des Gemütes Affekten. Derowegen bleibet es dabei, dass bei dieser Kunst keine Gewissheit sei, sondern sie kann nach Befindung auf alle Sachen gedrehet werden.[3]

Denkbar ist, dass auch Nostradamus durch die medizinisch-diagnostische Sicht eines Galen und vor allem eines Hippokrates in seinem Denken und Weltbild, besonders bezüglich der Abfassung seiner landwirtschaftlichen Empfehlungen innerhalb seiner Almanache, beeinflusst war. Hippokrates hat in seiner Krankheitslehre einen Zusammenhang zwischen dem Kosmos und dem Leben auf der Erde gesehen, aufgrund dessen er gewisse Rückschlüsse auf den Ackerbau ziehen konnte: „Jahreszeiten gibt es sieben; es sind folgende: Saatzeit, Winter, Pflanzzeit, Frühling, Sommer, Herbst und Spätherbst. Sie unterscheiden sich vonei-

1 Clark 1999, ,452
2 Bialas, 2004, 113
3 Nettesheim 1713, 1,176

nander aus folgenden Gründen: eine Sommerzeit bringt keine Frucht, ebensowenig eine Pflanzung im Spätherbst (es gibt) auch keine Blüte im Winter oder im Sprossentreiben (der Pflanzen) im Sommer oder ein Reifen im Winter.“[1]

Ebenso könnte Nostradamus seine frühe Beschäftigung mit der Übersetzung eines sehr seltsamen Werkes über die Hieroglyphen angeregt haben (*Orus Apollo, fils de Osiris, roi de Ægipte niliaque, des notes hieroglyphiques, livres deux mis en rithme par epigrammes, œuvre de incredible et admirable erudition et antiquité*), in dem kryptisch anmutende Sätze wie „Voir estatues qu'aux temples ont detient Les simulachres et imaiges des dieux Comme prophete qui les voit de ses hieulx“ vorkommen, was ungefähr heißt: Wie die Statuen in den Tempeln, so hält man die Täuschungen und Darstellungen der Götter, wie der Prophet sie sieht, mit seinen Augen.

Selbst nach seinem Tod machten böse Legenden die Runde. Da er sich aufrecht in die Kirchenmauer beisetzen ließ, damit die Bauerntölpel ihm „nicht auf den Nacken treten können“, wurde die Annahme verbreitet, dass Nostradamus mit Lampe, Feder und Tinte in seiner Grabkammer weiter an der Zukunft schreibe.[2] Vermutlich ist dies auch auf eine missverständliche Interpretation der in die Quere in der Kirchenmauer der Franziskanerkirche von Salon-de-Provence eingesetzten[3] Grabinschrift zurückzuführen, die seine Witwe dort anbringen ließ:

> Hier ruhen die Gebeine des hochberühmten Michael Nostradamus, der nach dem Urteil aller Sterblichen allein würdig war, mit seiner beinahe göttlichen Feder nach dem Lauf der Gestirne die künftigen Ereignisse des ganzen Erdkreises zu beschreiben. Er lebte 52 Jahre, 6 Monate, 10 Tage und starb in Salon im Jahre 1566. Nachwelt, neide ihm nicht die Ruhe, Anna Pontio Gemella wünscht dem Gatten die wahre Seligkeit.[4]

---

1 HIPPOKRATES 1995, XX, 86.
2 ERNST 1985, 44.
3 BÜSCHING 1769, 323.
4 ROESCH 1850, 25.

Dies brachte in den Wirren der französischen Revolution französische Soldaten dazu, das Grab aufzuschlagen und zu plündern.[1] Heute befindet sich das Grab in der Dominikanerkirche St. Laurent – ebenfalls in Salon-de-Provence.[2]

Die Beschäftigung des Nostradamus mit der antiken Mystik, sein früher Bekanntheitsgrad durch die in Erfüllung gegangenen Prophezeiungen um die recht gutgläubige Katharina de Medici, seine Unzufriedenheit mit den gesellschaftlichen Verhältnissen der damaligen Zeit[3] und das Betreiben ernsthafter Wissenschaft mit pragmatischem Anspruch, das sich auch in den Almanachen widerspiegelt, bestimmten seinen Denkkosmos zwischen Fantasie und Forschung, zwischen Mythos und Wahrheit.

Bartholomäus Holzhauser und der Traum von der Einheit der Kirche

Besucht man in München die Ruhmeshalle, trifft man auf eine Büste, die Bartholomäus Holzhauser zeigt. Nun war diese dorische Säulenhalle von König Ludwig I. zur Stärkung der bayerischen Identität gebaut worden, um in den Wirren vor allem der napoleonischen Kriege bayerisches Selbstbewusstsein zu zelebrieren. Man begegnet darin Sebastian Kneipp, dem berühmten geistlichen Wasserdoktor aus Bad Wörishofen und auch Berthold Brecht, dem berühmten Dichter aus Augsburg. Bartholomäus Holzhauser ist einer von drei Priestern, die in die Gemeinschaft dieses illustren Kreises aufgenommen wurden. Und vermutlich ist er der einzige Zukunftsseher, den man dort antrifft. Nur warum? Gewirkt hat Holzhauser nicht nur explizit in Bayern, sondern war gerade außerhalb Bayerns ein Begriff. Gestorben ist er weitab von Bayern – in Bingen.

1 Vgl. Ernst 1985, 44.
2 Vgl. Abend, 2011.
3 Vgl. Ernst 1985, 36.

Dieser Ruhm, der Holzhauser nun zuteil wird, ist ihm nicht in die Wiege gelegt worden. Als Sohn eines Schumachers aus dem bayerischen Schwaben hat er die elterliche Unterstützung erbitten müssen, um studieren zu können. In Holzhausers Lebensbeschreibungen werden seine Wissbegierde, sein Ehrgeiz und sein Elan sehr ausschmückend beschrieben.[1] Jedoch war es auch im 17. Jahrhundert wohl nicht leicht, als Handwerkersohn in einer Universität aufgenommen zu werden. So können die Entbehrungen, die Holzhauser während seiner schulischen Ausbildungen auf sich nehmen musste, als Prüfungen für seinen Lebensentschluss empfunden worden sein. Unter schweren Bedingungen hat er es geschafft, durch Umwege zuerst das Doktorat in Philosophie, dann das Bakkalaureat zu erwerben und schließlich das Lizentiat der Theologie abzulegen. Er wurde Erzieher, schließlich Priester, danach Dekan und dann einflussreicher Ratgeber von Fürsten, vor allem des Kurfürsten von Mainz.[2]

Vermutlich aus diesen Gründen war er – sein Ziel vor Augen – recht streng zu sich selbst und schon von Kindesbeinen an diszipliniert. Er muss sehr fromm gewesen sein, das geht aus einer Episode hervor, in der er als Kind, während er mit anderen Kindern spielte, eine große Schlange tötete. Vergleicht man die Bedeutung der Schlange in der Antike – in der z.B. die Seher Teiresias und auch Melampus ihre Seherkraft der Begegnung mit Schlangen verdankten – mit der Bedeutung der Schlange im 17. Jahrhundert, so ist diese unter biblischem Einfluss, besonders durch die Erzählung des Sündenfalls, ein Sinnbild des Bösen und des Höllengleichen. Die Behauptung, dass Holzhauser seine eindrucksvollen Wissenschaften einem höheren Licht zu verdanken habe, muss wohl ein authentisches Zeugnis seiner Entschlusskraft darstellen. Einen unentbehrlichen Eindruck in die Gedankenwelt Holzhausers hinterlässt das Zeugnis seines Lehrers, P. Sebastian Seiden. Er schreibt: „Bartholomä bediente sich

[1] Vgl. Gaduel 1872, 6ff.
[2] Vgl. Loerzer 1989, 262; Werfer 1853, 136.

weniger Bücher, vielleicht aus dem Grunde, weil er den heiligen Geist als seinen Lehrer in sich hatte. Doch die heilige Schrift und den Thomas von Kempis führte er stets in den Händen. wie auch das Leben des Franz Xaver, dem er mit ganz besonderer Andacht ergeben war, und ihn fast nicht so bewunderte, als nachahmte."[1] Die Lektüre des im 14. Jahrhundert von Thomas von Kempen verfassten Buches: „Nachfolge Christi" ist noch heute, vor allem im Novizenunterricht in Klöstern, Standardlektüre, die zur Reflektion des eigenen geistlichen Lebens Anweisung gibt. Der spanische Missionar Francisco de Xavier, der im 17. Jahrhundert asiatische Länder mit gewissem Erfolg missionierte, gilt sogar als erster Missionar Japans. Weil die Heiligsprechung Xaviers im Jahr 1622 erfolgte und dieses Ereignis bestimmt in aller Munde war, kann man sich erklären, dass sie eine besondere Vorbildfunktion für Holzhauser ausübte.

Es kommt zu wunderlichen Begegnungen mit Geistern. Ein Augenzeuge berichtete, dass er beobachtet hätte, wie Holzhauser ganz blass aus seinem Schlafzimmer gekommen sei und er ihm erst nach mehrmaligem Bitten erzählt hätte, dass er ein „fürchterliches schändliches Gespenst" gesehen habe, es „aber durch das Zeichen des heiligen Kreuzes verjagt" hätte.[2] Auch erscheint seine Seherkraft im Einklang mit der Heilkunst – ähnlich wie einst bei dem antiken Seher und Arzt Melampus, jedoch vermag Holzhauser nicht aus eigener Kraft zu heilen, sondern kraft seiner Mittlerfähigkeit zum Herrn. Dies zeigte sich vor allem, als er vom Herrn von seinem Pestleiden befreit wurde. Eine Begebenheit, die gewisse Ähnlichkeiten zum Damaskusereignis des Saulus Paulus aufzeigt (Apg 9), der von der Anwesenheit Gottes überwältigt zu Boden fällt und zum Glauben bekehrt wird. Vermutlich kann man diese Heilungsgeschichte auch als Holzhausers Berufung ansehen:

1 Schmising 1813,19.
2 Schmising 1813,169.

„[E]r wurde von der Pest ergriffen, von der bald hernach die ganze Stadt befallen worden; hilflos und von jeder Gattung der Trübsal belagert, blieb dem Bartholomäus nichts mehr übrig, als den Himmel Hilfe zu suchen. Itzt fühlten seine Schultern die Schwere des Kreuzes, so sehr am Himmel sah; aber als ein wahrer Schüler des Kreuzes selbes geduldig ertrug. Er raffte nun alle seine Geistes- und Leibeskräfte zusammen, und will sich in die Kirche zum heiligen Kreuz, zum Schatz der wundertätigen Hostie begeben, krank und langsam kriecht er hin. Als er aber die Kirche geschlossen fand, warf er sich auf der Türe auf seine Kniee hin, und da er unter beständigen Tränen sein eifrigstes Gebet verrichtet, und sich dem göttlichen Schutze vertrauungsvoll empfiehlt, stürzt er gähling, als wenn ihn ein Vorübergehender niedergeschlagen hätte, auf die Erde hin. Bald kam er wieder zu sich, machte sich auf und blickte umher: als er aber niemand sah, fühlte es sich so glücklich geschlagen, das durch diesen Streich, nachdem er zwar erschrocken, das pestilenzische Gift vertrieben worden sei, und sich gesund und frisch befand.[1]

Ferner heißt es, dass er psychisch Kranke mit sakramentalen Werkzeugen wie Wasser, Wachs und Öl, aber auch mit Kräutern „befreien" konnte. Durch das Gebet heilte er einen fieberkranken Mann. So soll ein Mann, von Wahnsinn oder Schwermut befallen, seine Frau und seine Kinder verlassen haben. Diese Frau wandte sich an Holzhauser, um für ihren Mann eine Messe lesen zu lassen. Jedoch bevor er die Messe in den frühen Morgenstunden lesen konnte, geschah eine wundersame Begegnung. Ein Mann in der Gestalt eines Jägers erschien ihm in seinem Zimmer, schaute ihn mit strenger und rasender Miene an und verschwand. Und während Holzhauser die Messe las, brachte man ihm die Botschaft, dass der Mann gefunden sei. Bestätigend gab dieser Mann zu, diesen Jäger an diesem Morgen ebenfalls gesehen zu haben, der ihm eine Kugel gewaltig an den Kopf geworfen

1 Schmising 1813, 9.

habe. Holzhauser erkannte daraufhin, dass sich in dem Jäger der Herr verborgen haben müsse.[1]

Holzhausers Wirken fiel in eine Zeit großer Wirren, sowohl auf kirchlicher als auch auf staatlicher Seite: Der Protestantimus wurde verständlicherweise von der katholischen Kirche als eine Bedrohung empfunden. Deutsche Fürsten spalteten sich ab infolge der Reformationsbewegungen; sie nahmen die Chance wahr, ihre Gefolgschaft zur katholischen Kirche aufzukündigen und Souveränität zu üben. Es war die Zeit des Dreißigjährigen Krieges, der erbittersten Kämpfe, die Europa in eine tiefe Not hineinführten. In dieser Kulisse fand Holzhauser die Kraft im Glauben und gab vielen Menschen durch sein charismatisches Wirkungsvermögen einen sicheren Halt. Und so standen auch seine klugen Ratschläge im Licht seiner Seherkraft. Beim feindlichen Einfall der Schweden hatte ein gewisser Doktor Lossy fast sein ganzes Gut verloren. Daraufhin soll Holzhauser ihm geraten haben, all sein Vermögen in Getreide anzulegen, um seinen erlittenen Schaden wieder auszugleichen. Denn, so Holzhauser, es würde in wenigen Monaten „das Getreide in die Höhe steigen". Der Fall traf ein und Doktor Lossy übte sich in Barmherzigkeit, im Bewusstsein, dass das Glück von der Freundschaft Holzhausers und dem Segen Gottes abhänge.[2] Die Kriegswirren brachten es vermutlich mit sich, dass Bartholomäus Holzhauser sich auch Gedanken um die gegenwärtigen Zukunftsängste machte. Diesem Umstand ist es möglicherweise zu verdanken, dass Holzhauser sich mit der Offenbarung des Johannes, dem letzten Buch des Neuen Testaments, besonders beschäftigte. So gehört die Kommentierung dieses Buches zu seinem bekanntesten Werk, in dem nicht zuletzt die damaligen und auch Holzhausers persönliche Hoffnungen der Wiedererstehung der einen Kirche anklingen: „Die nächste Zukunft wird uns mit der Zurückkehr aller christlichen Sekten in den Schoß der heiligen katholischen Kirche unter dem Hirten zu Rom

1 Vgl. Schmising 1813, 171.
2 Schmising 1813, 188f.

auch die Wiederherstellung des römisch-deutschen Reiches bringen".[1]

Von der Hoffnung geprägt, dass in Zukunft die protestantischen Strömungen überwunden und wieder in den Schoß der römisch-katholischen Kirche zurückfinden werden, verkündete Holzhauser die Visionen der drei Perioden der Welt. Die erste ist geprägt von der Beschreibung des Ist-Zustandes, die zweite von der Besinnung, die eintreffen wird, und dann die dritte von der bevorstehenden Umkehr.

> Erste Periode
> [...]
> In dieser Zeit wird ein neuer Lucifer erscheinen, das ist ein Geist des Hochmuthes und der Eitelkeit, der unter den Namen der Philosophie eine zeitlang einen großen Theil der Welt beherrschen wird.
> Und zwar hat Luther das Dach zerstört, Calvin die Mauern eingerissen, aber die Grundfesten wird dieser Philosophism zerstören.
> [...]
> Dass sie die Länder verwüsten, die Lilien brechen, die Fürsten ermorden, und den christlichen Glauben gänzlich erdrücken und der Kirche Verfolgungen erregen.
> [...]
>
> Zweite Periode
> In der zweiten Periode wird Friede werden, aber nur der Name wird sein, und in Wahrheit ist kein Friede.
> [...]
>
> Dritte Periode
> [...]
> Und er wird in der Versammlung der Männer, die in Frömmigkeit und Weisheit aufrichtig verbunden sind, mit Beihilfe des hl. Vaters neue Gesetze und Normen entwerfen, und jenen Geist des Schwindels in Banden legen, um ein neues Jahrhundert zu beginnen und zu erziehen, wo nur Eine Herde sein wird und Ein Hirt,

[1] LOERZER 1989, 272.

> welcher die Welt und Allen die guten Willens sind, den Frieden gibt, um Gott unsern Herrn zu verherrlichen.[1]

Während Holzhausers Vision über Gottesaufruf zur Buße und Bekehrung, die er im Jahr 1635 während eines andächtigen Gebetes in der Kirche Gottes gehabt haben soll, noch einmal die Friedenshoffnungen in verdichteter Form anklingen lässt, die nur in dem Bekenntnis zu Gott und damit zur einzig wahren Kirche möglich sein werden, hat seine Vision über die Kirche von England selbst die Aufmerksamkeit des Königs von England auf sich gezogen, sodass es sogar zu einer Begegnung gekommen ist. Vermutlich zielt der verheißungsvolle Schlussvers seiner Vision unmissverständlich auf die Rekatholisierung Englands ab. Denn mit „Schiff" ist zweifellos die katholische Kirche, mit „gerechten Männern" sind katholische Geistliche gemeint.

> [...]
> Und sieh! Ich sah ein Schiff auf dem Meere herankommen und im Hafen landen, und es stiegen heilige gerechte Männer an's Land, welche im Schiffe waren, und sie fingen an das Evangelium zu verkündigen in jenen Ländern, und sie haben es befolgt und sind glücklich, und jenes Land kehrt zum Frieden zurück und zur Heilung Jesu Christi.[2]

Nun war der aus dem katholischen Hause Stuart stammende König Charles II. auf jeden guten Rat angewiesen. Denn die Bürgerkriegsaufstände, die während der Amtszeit seines Vorgängers und Vaters, Charles I., durch die Katholiken in Irland ausgelöst und durch ungünstiges Taktieren des Königs noch verschlimmert wurden, haben zwar ihr Ende gefunden, jedoch musste der Neuanfang der Monarchie nach der missglückten Republik gut überlegt sein. So soll Holzhauser Charles II. bei einem Treffen, das der Kurfürst von Mainz vermittelt hatte, tatsächlich geraten haben,

---

1 Truelle 1850, I, 255–259.
2 Loerzer 1989, 276.

den katholischen Glauben für England als Lösung des politischen Problems zu empfehlen, was ihm der König „in die Hand versprach".[1] Holzhauser hatte sich wohl von seinem Eifer blenden lassen, von seiner Idee von der einen Kirche. Er übersah dabei, dass der Protestantismus in England seit Heinrich VIII. sich zum Nationalgefühl der Engländer entwickelt hatte; denn seit dieser Zeit wurde der König gleichzeitig zum Oberhaupt der anglikanischen Kirche ernannt.

Im Kurfürstentum Bayern jedoch, dessen Herrscher sich in dieser Zeit nicht von der katholischen Kirche lösten, war Holzhauser geachtet und er galt sogar als Beschützer des Landes. So wird folgende Geschichte erzählt:

> Als das schwedische Kriegsheer als Feind im Baiern einzog, und das ganze Salzburger Land mit Schrecken erfüllte, daß man auf nichts, als auf die Flucht dachte, so verfügte sich Bartholomä, der damals im Tyrol war, in die Kirche, und bethete vor dem hochwürdigsten Guthe unter Vergießung häufiger Thränen, um Abwendung dieses Uebels. Wie er im eifrigsten Gebethe begriffen war, vernahm er durch eine höhere Eingebung, daß dieses Vaterland von dem feindlichen Überfalle verschont bleiben werde. Er schickte seinen Geistlichen, die jenseits des Inns wohnten, die Nachricht, sie sollten alles stehen lassen, und sich von ihren Pfarrhöfen nicht entfernen, sondern auf ihren Posten bleiben, indem sie versichert seyn sollten, daß der Feind sich fruchtlos bemühen werde, über den Inn zu setzen. Der Feind werde, wenn er auch gleich schon Pontons (Brücken, Anm. des Verf.) mitten auf dem Flusse angebracht hätte, dennoch zurückgeschlagen werden. Und wie er es vorhersagte, so geschah es auch; denn als sie sich bemühten, eine Brücke über den Inn zu schlagen, und schon mitten auf dem Flusse waren, so zerstörte die Gewalt des Wassers das ganze Werk, riß selbes mit sich fort, und vereitelte so den Plan und das Bemühen des Feindes.[2]

---

1 Vgl. SCHMISING 1813, 111f.
2 SCHMISING 1813, 140.

Seine geheimen Visionen, die er 1646 dem Kaiser Ferdinand III. und dem Kurfürsten Maximilian von Bayern übergeben hat, wurden als Weissagungen über fernere Ereignisse angenommen. Die aus der Bamberger Ausgabe des Jahres 1795 entnommene Prophezeiung wurde vom nicht namentlich genannten Herausgeber und Übersetzer in Verbindung mit den aktuellen Geschehnissen der französischen Revolution in Verbindung gebracht. Der Ausdruck „Kelterpresse" bedeutete für den Herausgeber dieser Textausgabe einen möglichen Hinweis auf die Blutpresse, sprich: Guillotine.

Im Maymonathe 1645 sah ich gegen Süden einen fürchterlichen Brand ausbrechen. Die ganze südliche Himmelsgegend schien entzündet, und von Norden her leuchtete, wie aus einer Todtenacht ein Feuer hervor; auf die nahen Berge machte die Flamme von Ost gegen Westen einen Widerschein, und gewährte mir einen schaudervollen Anblick: ich zitterte und bebte. Ich sah wieder gegen Norden, und der Himmel war heiter, das Land ruhig bis an die Berge, von welchen her jener fürchterliche Brand wieder schien. Nachher sah ich östlich vowärts gegen Mittag und Abend eine große Kirche zu welcher ein feyerlicher Bittgang mit dem Kreutze angestellt wurde: ich war Kreutzträger und freute mich dessen sehr: ich blieb an den untersten Staffeln der Kirche stehen, und sah da zwey unterirdische Kerker, Gräbern und Kelterpressen ähnlich; einen südwärts, den andern westwärts. Es kamen mir da wie zwey von Erz gegossene Binden, womit die zwey eingesperrten Personen gebunden lagen, zu Gesichte. Ich sah ihre Qualen, unbeweglich lagen sie da, ohne sich nur im mindesten rühren zu können; sie waren wie in Kleid von Erz eingepresst. Ich näherte mich ihnen, sah ihre erbärmliche Pressung bis zur Athemlosigkeit, beweinte und bemitleidete ihre üble Lage, in welcher sie blutschwitzend mit dem Tode kämpften. Heftig schrie ich für sie, und bath um freyreren Athem; da wurde ihnen Öffnung am Munde, Augen, Ohren und Nasen gemacht, aus welchen Blut hervorströmte.[1]

[1] Holzhauser 1795, 44ff.

Bartholomäus Holzhauser ist sehr früh mit fünfundvierzig Jahren an einem Fieber am 20. Mai 1658 gestorben und wurde in der Pfarrkirche zu Bingen beigesetzt. Obwohl er als Zukunftsprophet überliefert ist, war er eher als Gründer einer Priestergemeinschaft, dem „Institut der in Gemeinschaft lebenden Weltpriester" oder kurz: Deutsche Bartholomäer, ein Begriff. Wohl mit den Erfahrungen seines schwierigen Lebensweges, vom Schuhmacherjungen zum Priester, wollte er bessere Seminarbedingungen für Nachwuchspriester schaffen. Solche Bestrebungen waren ganz im Sinne Ludwig I. In seiner Thronrede von 1827 betonte er, dass Religion ihm das Wesentlichste sei.[1] Er setzte mit dieser Einstellung die traditionelle Identität Bayerns fort, mit einer historisch gewachsenen Einheit von kirchlichem und politischem Leben. Doch zu seiner Amtszeit existierte diese Weltpriestergemeinschaft nicht mehr. Obwohl Papst Innozenz XI. durch zwei Bullen vom 7. Juni 1680 und 27. August 1684 und in einem persönlichen Brief vom 26. Mai 1680 an Herzog Maximilian Philipp diese Vereinigung der „gemeinsam lebenden Weltpriestergemeinschaft" anerkannte, löste sie sich mit der Zeit langsam auf. Dass aber sein Gedenken noch heute lebendig ist, zeigt, dass im Jahr 2008 anlässlich seines 350. Todestages am Kirchenvorplatz in seiner Geburtsstadt Laugna zu seinem Gedenken ein Brunnen errichtet wurde.[2] Und mag Holzhausers Priestergemeinschaft nicht mehr existieren, seine Idee einer solchen Vereinigung lebt weiter in der 1840 gegründeten Priestergemeinschaft, die der italienische Priester Vinzenz Pallotti ins Leben gerufen hat.

---

1 Fassl 2008, 199.

2 http://www.laugna.hosting.bndlg.de/cms/?page_id=439 (14.12.2012).

Swedenborg – Scharlatan oder Visionär?

Die vermutlich exzentrischste Persönlichkeit des 18. Jahrhunderts wurde als Emmanuel Swedberg geboren und starb als Adeliger, als der berühmte und ebenso berüchtigte Emmanuel von Swedenborg, der schon zu seinen Lebzeiten viele Rätsel aufgab. Zunächst ist er als Assessor des Königlichen Bergwerkskollegiums wegen seiner technischen Erfindungen z.B. zur Verbesserung der Erzgewinnung[1] und aufgrund naturwissenschaftlicher Erkenntnisse aufgefallen.[2] Dann wurde er wegen seiner eigenwilligen Theologie berühmt, sodass heute noch eine Anhängerschaft existiert. Vielleicht ist gerade in dieser Balance zwischen Genie und Wahnsinn die Besonderheit des schwedischen Gelehrten zu ergründen. Denn ganz im Sinne der Aufklärung hat auch Swedenborg den Versuch unternommen, alle Wissensgebiete sich anzueignen. Es gab kein Fachgebiet, das ihn nicht interessierte. Er machte ausgedehnte Reisen, um das wissenschaftliche Klima Europas einzuatmen und komplettierte so sein Studium der Mathematik, Naturwissenschaften, aber auch der Geisteswissenschaften, darunter der Philosophie und Theologie an der Universität Uppsala. Geprägt von dem Denken seines Vaters, einem Geistlichen, der es bis zu einem Bischofsamt gebracht hat, unternahm er nach revolutionären naturwissenschaftlichen Erkenntnissen und technischen Erfindungen immer deutlicher den Versuch, eine neue Theologie zu erschaffen.

Aber erst als er dann vorgab, mit Engeln kommunizieren zu können und zu wissen, wie es im Jenseits aussieht, be-

---

1 Benz o.J., 80.

2 Z.B. halfen seine Erkenntnisse über die „Wasserverminderung“ (Ebbe und Flut) die Flussschifffahrt zu optimieren; vgl. Hube: Swedenborg 2012, 11.

gann ein Rätselraten um ihn. Als Ursache für sein Umdenken gab er seine erste Engelserscheinung an.[1]

> Ich war zu London […] und speiste sehr spät zu Mittag in meiner gewöhnlichen Herberge, in der ich mir ein Zimmer vorbehalten hatte, um die Freiheit zu haben, nach Gefallen darin über geistige Dinge nachdenken zu können. Ich fühlte mich vom Hunger getrieben, und aß mit großem Appetit. Gegen das Ende meiner Mahlzeit bemerkte ich, dass eine Art von Nebel sich über meine Augen verbreitete, und ich sah den Boden meines Zimmers mit scheußlichen kriechenden Tieren bedeckt, als da sind Schlangen, Kröten, Raupen und dergleichen; ich ward um so mehr davon ergriffen, als die Finsternis sich mehrte, doch aber bald wieder verschwand. Alsdann sah ich deutlich einen Mann in Mitten eines lebhaften und strahlenden Lichtes in einer Ecke des Zimmers sitzen; die kriechenden Tiere waren verschwunden mit der Finsternis. Ich war allein, und Sie können sich den Schluss denken, der sich bemächtigte, als ich ihn deutlich, aber mit einem Tone, der sehr wohl fähig war, Schrecken einzuflößen, die Worte aussprechen hörte: Iß nicht soviel! Bei diesen Worten verdunkelte mein Gesicht sich wieder, stellte sich aber nach und nach wieder her, und ich sah mich allein, was ich gesehen, begab ich mich in Eile in meine Wohnung, ohne irgend Jemandem etwas von dem, was mir begegnet war, zu sagen. Hier überlies ich mich meinen Betrachtungen, und begriff nicht, wie dies die Wirkung des Zufalls oder irgend einer physischen Ursache sein könnte.
>
> Die folgende Nacht stellte sich mir derselbe von Licht strahlende Mann noch einmal dar, und sagte: „Ich bin Gott, der Herr, Schöpfer und Erlöser; ich habe dich erwählt, den Menschen den innern und geistigen Sinn der heiligen Schriften auszulegen; ich werde dir diktieren, was du schreiben sollst“. Dieses Mal war ich durchaus nicht erschreckt, und das Licht, von dem er umgeben war, obgleich sehr lebhaft und glänzend, machte doch keinerlei schmerzhaften Eindruck auf meine Augen. Er war in Purpur gekleidet, und das Gesicht dauerte eine gute Viertelstunde. In dieser nämlichen Nacht wurden die Augen meines innern Menschen

[1] Tafel 1839, 87f.

geöffnet und befähigt, in den Himmel, in die Geisterwelt und in die Höllen hineinzusehen, und ich fand allenthalben mehrere Personen meiner Bekanntschaft, von welchem einige schon längst, einige erst vor Kurzem gestorben waren.

Von diesem Tage an entsage ich allen weltlichen Beschäftigungen, um bloß noch über geistige Dinge zu arbeiten, und mich dem Befehl anzubequemen, den ich erhalten hatte.

Swedenborg operierte mit den Begriffen: Urbild, Abbild und Schattenbild, um das Verhältnis zwischen dem Reich des Göttlichen, des Geistigen und des Natürlichen zu beschreiben.[1] Er hing somit der Korrespondenzlehre an, die besagt, dass es zwischen den göttlichen, den geistigen und den natürlichen Dingen eine Entsprechung gibt „und demgemäß auch eine Übereinstimmung ihrer Bezeichnungen".[2] Seine genauen Beschreibungen der Engelwelt waren ebenso wunderlich wie beeindruckend. Er schien sogar genau zu wissen, wie Engel sprechen. Ferner war er überzeugt davon, dass der Himmel wie die Hölle in Gesellschaften eingeteilt sei und der Mensch mit beiden Welten verknüpft sei.

„Der Himmel ist in Gesellschaften geteilt, ebenso die Hölle. Jeder Geist gehört zu einer Gesellschaft und besteht auch durch ihren Einfluss und wirkt somit in einer *Art Einheit* mit ihr zusammen. Das ist der Grund, warum der Mensch, so wie er mit Geistern verbunden ist, auch mit der Hölle verknüpft ist, und zwar mit derjenigen Gesellschaft, in der er seiner Neigung oder seinem Trieb nach lebt."[3]

Diejenigen, die sich damals mit Swedenborg beschäftigten, haben sich zu Recht gefragt, ob man diesem Mann trauen dürfe oder ob er nur ein Wichtigtuer, gar ein Hochstapler sei. Doch ließ die Art, wie er sich gab, nicht auf einen Betrüger schließen. Von Freunden ist er als ein rechtschaffener,

---

1 Benz o.J., 517.
2 Benz o.J., 517.
3 Swedenborg 2012, 169.

gut- und sanftmütiger sowie vernünftiger Mann bezeichnet worden, wenn er auch von einigen angegriffen wurde[1]. So soll er von jemandem herausgefordert worden sein, gegen den er sich mit folgendem Satz zur Wehr setzte: „Ich spreche mit Engeln, oder empfange Belehrungen von ihnen über solche Dinge“[2]. Swedenborgs Eloquenz war bekannt; oft hat er „Sätze seines Gegners siegreich umstoßen können“[3]. Jedoch seine Behauptung, mit Engeln reden zu können und über das Jenseits Bescheid zu wissen, veranlasste viele zur Skepsis, da sie doch das normale Maß der durchaus üblichen Eigensinnigkeit der Gelehrten überstieg. Trotz alledem wurde gerade Swedenborg damit bekannt und traf offenbar einen Nerv dieser Zeit, in der auch Schauerromane und Novellen über Geisterseher von Christian Heinrich Spieß oder von Schiller sehr populär waren. Swedenborg war in vielen Gesellschaften und sogar am schwedischen Hof ein gern gesehener Gast. Die Zeitepoche der Aufklärung wollte erkennbar auch das Irrationale rational erfassen. So strahlte Swedenborg eine gewisse Faszination aus, als er der Wahrheit der Heiligen Schrift auf den Grund gehen wollte und zu mehr Eigenem kam als die Kirchenlehre vorgab, sei es die protestantische oder katholische. Und er entwickelte hierbei eine Lehre, die er direkt vom Herrn erfahren haben wollte.

Darum ist es nicht verwunderlich, dass seine sämtlichen (!) Schriften seit 1664 auf dem Römischen Index landeten. Noch im Jahr 1864 wurde ein Buch von einem Jacques Matter auf den Index gesetzt, das sich mit Swedenborgs Leben, Schriften und Lehren beschäftigte (MATTER, Jacques: Emmanuel de Swedenborg, sa vie, ses écrits et sa doctrine. 1864). Für die Kleriker des schwedischen Protestantismus, also der Kirche, in der er groß geworden ist, war seine eigenwillige Lehre ein rotes Tuch, weshalb er fortwährend vor ihnen flüchten musste[4]. Und allzeit schwebte die Frage durch den Raum, ob Swedenborg tatsächlich ein Geisterseher sei. Ein

---

[1] TAFEL 1839, 229.
[2] TAFEL 1839, 229f.
[3] TAFEL 1839, 229f.
[4] Benz o.J., 20.

angesehener Mann aus Amsterdam namens David Paulus Indagine schrieb Swedenborg am 8. März 1769 einen ausführlichen Brief, in dem er mit dem nötigem Respekt Beweise für seine Geistesseherei einforderte:

> „Ja, ich will zugeben, daß es Ihnen vergönnt sei, in der Geisterwelt bei den Engeln zu sein, und zugleich in dieser Welt mit den Menschen zu leben, und das schon 25 Jahre hindurch. Doch, lieber Freund, warum überzeugen Sie die ungläubige Welt von diesem Ihrem rechtmäßigen Rufe nicht?“[1]

Herder, der eher wohlwollend über Swedenborgs Visionen urteilte, forderte dazu auf, zu erkennen, dass die „Träume“ Swedenborgs keine Gewissheit bieten und man davon nichts wissen könne und auch nichts wissen solle.[2] Feuerbach wiederum sah allgemein solche Versuche, über die Geisterwelt zu berichten als eine Projektion des Irdischen auf das Himmlische.

Die Welt verlangte also nach Beweisen und Swedenborg gab sie ihr. So wird berichtet, dass ein Bischof Hallenius, kein Geringerer als der Nachfolger von Jesper Swedberg, also dem Vater Swedenborgs, den Geisterseher Lügen strafen wollte. Die Disputation verlief für den Bischof allerdings nicht so wie erwünscht. Vielmehr sagte Swedenborg diesem mittels einer heiligen Eingebung seine Bekehrung voraus, die mit einer schweren Krankheit einhergehen werde. Dies traf auch dann ein und nach seiner Genesung soll Hallenius einen Charakterwandel zu einem wohltätigen und unbescholtenen Mann durchlebt haben.[3] Einen deutlicheren Beweis für seine Visionen lieferte die Geschichte von der gefundenen Quittung, die in vielen Kreisen erzählt wurde. Danach soll eine Madame Hartville nach dem Tod ihres Mannes vom Goldschmied dazu angehalten worden sein, das Silberservice endlich zu bezahlen. Obwohl sie sich sicher war, dass

---

1 Tafel 1839, 115.
2 Herder 1820, 21.
3 Tafel 1839, 85f.

ihr Mann dieses Service bereits bezahlt hatte, fehlte der Beweis hierfür. Folglich rief sie Swedenborg zu Hilfe, der die Quittung in einem geheimen Fach auch ausfindig machen konnte.[1] Die wohl unheimlichste Geschichte ist die, in der Swedenborg einen rund 500 km entfernten Brand „sehen" konnte. Swedenborg, der sich gerade in einer Gesellschaft in „Gothenburg" (Göteborg) aufhielt, teilte der verblüfften Gesellschaft mit, dass ihm dies die Engel zugetragen hätten. Es soll sich später herausgestellt haben, dass Swedenborg recht behielt: nicht nur konnte er das Feuer in bestimmten Gassen der Stadt Stockholm lokalisieren, sondern einige anwesende Stockholmer auch damit beruhigen, dass er ihnen den Zeitpunkt sagte, an dem das Feuer gelöscht sein würde.[2] Selbst Kant, der der Sache genau auf den Grund gehen wollte, fragte sich in einem Schreiben „Was kann man wider die Glaubwürdigkeit dieser Begebenheit anführen"?[3]

Andere Geschichten, die in bestimmten Zeitschriften veröffentlicht wurden, waren hingegen schon zu Lebzeiten Swedenborgs umstritten. So wurde die Geschichte über die Königin von Schweden bestritten, die den Seher Swedenborg auf die Probe stellen und sich sogar über ihn lustig machen wollte, sich aber letztlich erschrocken und verblüfft über Swedenborgs Beantwortung ihres geheimen Auftrags zeigte. Auffällig ist, dass immer Gewährsmänner herangezogen werden müssen, um die Seherfähigkeit zu bezeugen. Der Fall eines deutschen Kaufmanns, der Swedenborg aufsucht, ist sogar in Dialogform überliefert, was schon allein misstrauisch stimmen sollte. Dieser Fall hat eine gewisse Ähnlichkeit mit den anderen Berichten, in denen Swedenborgs Geistesseherkunst unter Beweis gestellt wird. Hier wird aber ein direkter Einblick in die Befugnis Swedenborgs gewährt, mit den Verstorbenen im Jenseits Kontakt aufzunehmen. Der Kaufmann, der wissen wollte, was er mit seinem Freund kurz vor dessen Tod gesprochen habe und

1 Tafel 1839, 109.
2 Tafel 1839, 129.
3 Tafel 1839, 112.

Swedenborg aufforderte, ihn im Jenseits aufzusuchen, wurde überzeugt durch die genaue Schilderung des Themas.

Schon Johann Heinrich Jung-Stilling, ein Augenarzt, Wirtschaftswissenschaftler und Schriftsteller aus Deutschland, fragte sich, wie wohl Swedenborg zu seinen Prophezeiungen gekommen sei. Er versuchte sich klarzumachen, ob Swedenborg möglicherweise einen Spion gehabt hätte. Zugleich wollte er jedoch nicht ausschließen, dass Swedenborg Kontakt zu den Bewohnern der Geisterwelt hatte, und er stellte dieses Phänomen in den Zusammenhang mit Swedenborgs edlem und gottesfürchtigen Charakter. Darin offenbart sich einmal mehr die Denkmentalität der Aufklärung[1]. Jung-Stilling war der Meinung, dass Swedenborg eher von den Geistern seine Lehre erhalten habe und nicht direkt vom Herrn, wie es Swedenborg vorgab, die Geister hätten ihn somit in die Irre geführt.[2] Kant sammelte alles, was er von Swedenborg bekommen konnte. Er versuchte in seiner Schrift *Träume eines Geistersehers* Swedenborgs Werk, seine Lehre, seine theosophischen Ansichten zu durchleuchten, die für ihn einen undankbaren Stoff darstellten und nichts anderes für ihn waren als acht Quartbände voll Unsinn.[3] Obwohl Kant selbst sich das Interesse an dem symbolischen inneren Sinn der weltlichen Dinge, die Swedenborg durch seine Geisterseherei greifbar machen will, durchaus erklären kann, steht dieser Sinn doch jenseits unserer Erfahrung. Und es ist für Kant deswegen nicht möglich, daraus sichere Erkenntnisse zu ziehen.[4] Er kommt zu folgendem Schluss:

> „Und in der That lehrt die Erfahrung auch: daß so viele, welche von der künftigen Welt belehrt und überzeugt sind, gleichwohl dem Laster und Niederträchtigkeit ergeben, nur auf Mittel sinnen, den drohenden Folgen der Zukunft arglistig auszuweichen; aber es hat wohl niemals eine rechtschaffene Seele gelebt, welche den

1 Tafel 1839, 132.
2 Tafel 1839, 126.
3 Kant 1995, 364 u. 373.
4 Kant 1995, 369.

> Gedanken hätte ertragen können, daß mit dem Tode alles zu Ende sei, und deren edle Gesinnung sich nicht zur Hoffnung der Zukunft erhoben hätte. Daher erscheint es der menschlichen Natur und der Reinigkeit der Sitten gemäßer zu sein: die Erwartung der künftigen Welt auf die Empfindungen einer wohlgearteten Seele, als umgekehrt ihr Wohlverhalten auf die Hoffnung der andern Welt zu gründen. So ist auch der moralische Glaube bewandt, dessen Einfalt mancher Spitzfindigkeit des Vernünftelns überhoben sein kann, und welcher einzig und allein dem Menschen im jeglichen Zustande angemessen ist, in dem er ihn ohne Umschweif zu seinen wahren Zwecken führt."[1]

Dieses Urteil beantwortet indessen nicht die Frage, ob Swedenborg ein Betrüger war. Er kann dennoch daran geglaubt und/oder mit der Denkweise des aufgeklärten Gelehrten die Wahrheit Gottes nahezubringen versucht haben, um sich gegen allzu skeptische Aufklärer zur Wehr zu setzen. Jung-Stilling räumte ein, es möglicherweise mit einem Pfiffikus zu tun zu haben. Der Philosoph Eduard von Hartmann dagegen geht von einem unbewussten Willen aus, von dem sich die Hellseher u. a. leiten lassen.[2] Und vielleicht wollte Swedenborg „nur" dem damaligen Zeitgeist entsprechend mit seiner Sehertätigkeit seiner Theologie Authentizität verleihen.

Rasputin und das Schicksal des Zaren

Als Rasputin gewaltsam umgebracht und schließlich seine Leiche im Eis gefunden wurde, stand auch der Sturz der langjährigen russischen Monarchie kurz bevor. Der Zarenfamilie soll Rasputin in seinem Testament noch geweissagt haben, dass sein Schicksal mit ihrem zusammenhänge: „wisse, dass wenn einer der Deinen meinen Tod verschul-

[1] Kant 1995, 380.
[2] Hartmann 1890, 12.

det hat, keiner der Deinen, keines deiner Kinder noch mehr als zwei Jahre leben wird. Sie werden vom russischen Volk umgebracht werden."[1] Rasputins Tochter berichtet ferner von einem Brief, den ihr Vater hinterlassen hat. In diesem prophezeit er eine schlimme Zeit, in der man nur durch die Gnade des Erlösers und die Gnade der Heiligen Fürbitterin Halt finden würde.[2]

> Meine Lieben,
> ein Unheil droht, ein großes Unglück steht unmittelbar bevor. Das Antlitz Unserer Lieben Frau hat sich verdunkelt, und der Geist geht irre in der Stille der Nacht. Diese Stille ist nicht von Dauer. Furchtbar wird der Zorn sein. Und wohin fliehen? Es steht geschrieben: wachet, denn ihr kennt nicht den Tag noch die Stunde. Der Tag ist für unser Land angebrochen. Es wird Tränen und Blut geben. In der Finsternis dieses Leidens kann ich nichts unterscheiden. Meine Stunde schlägt bald. Ich habe keine Angst, aber ich weiß, dass der Kelch bitter sein wird. Gott kennt unseren Leidensweg, unzählige Menschen werden zugrunde gehen. Groß wird die Zahl der Märtyrer sein. Der Bruder wird seinen Bruder töten. Die Erde wird beben, Hungersnot und Pest werden die Menschen befallen. Zeichen werden erscheinen.
> Betet um euer Heil. Durch die Gnade unseres Erlösers und durch die Gnade der Heiligen Fürbitterin werdet ihr getröstet werden.
> Grigori

Hatte also Rasputin, der beeindruckend den gewaltsamen Sturz der Monarchie voraussah, tatsächlich seherische Fähigkeiten? Oder hat er nur die politischen Verhältnisse gut einzuschätzen gewusst?

Rasputin war alles andere als gebildet. Auch seine Ausschweifungen standen ganz im Gegensatz zu seinem eher erhabenen Auftreten als Geistlicher. Ein Polizeibericht beschreibt ihn so: „1,82m groß – hell und strähnig, Gesicht – länglich; Nase – durchschnittlich; Bart – dunkelrötlicher

1 Lukosky 2007, 32; Troyat 2002, 158.
2 Rasputin 1968, 181f.

Vollbart". Und außerdem soll er, nach Augenzeugenberichten „eine besondere Blässe in seinem Gesicht" und tief liegende große und helle wässrig-blaue Augen gehabt haben.[1]

Die Ambivalenz seines Charakters soll sich schon früh abgezeichnet haben. So soll er in seinem Heimatdorf Pokrowskoje im tiefsten Sibirien als Trunkenbold und Frauenheld unangenehm aufgefallen sein. Im Gegensatz dazu soll er jedoch auch eine Gabe besessen haben, bei einem Raub mental den Dieb bestimmen zu können, und im Vorfeld vorausgesagt haben, wer als nächster sterben werde.[2] Seine emphatischen Begabungen sollen sich vor allem durch seine besonders warme Stimme ausgezeichnet haben, die laut seiner Tochter „voll wie eine Orgel oder wie weicher schwarzer Sammet" geklungen haben soll und dadurch eine unvergleichlich beruhigende Wirkung ausstrahlte.[3] Er konnte beispielsweise so ein wild gewordenes Pferd mit seiner Stimme besänftigen.[4] Außerdem vollbrachte er viele Heilungen an Menschen, und zwar in Fällen, bei denen ärztliche Hilfe nichts mehr ausrichten konnte. Trotz dieser Erfolge, die im zaristischen Rußland schnell als Wunderheilungen herumerzählt wurden, rang Rasputin um Anerkennung. Er bemühte sich um Bildung, die er sich bei diversen Klosterbesuchen mühsam aneignete. Dass Rasputin ein kirchliches Examen bestand, weil er die Bibel auswendig kannte[5], deutet darauf hin, dass er weder lesen noch schreiben konnte. Jedoch durch seinen Ruf als Wunderheiler und vielleicht auch durch seinen groben Charakter zog er sich letztendlich die Unbill der Kirchenfürsten zu. Obwohl Rasputin stets betonte, kein Heiliger zu sein, und sich von der populären Szene der Spiritisten und ihren Séancen zu distanzieren versuchte, waren es aber gerade die, die ihm einen ersten Zugang zur hohen Gesellschaft ermöglichten. Sein Glaube an Heilige, Engel und an die Heilige Familie wurde als Fähigkeit verstanden, Séancen durchzuführen.

1 Heresch 1995, 23.
2 Heresch 1995, 21.
3 Rasputin 1968, 22.
4 Rasputin 1968, 20.
5 Rasputin 1968, 29.

Einmal bestand der Großfürst darauf, Jeanne D'Arc zu sprechen und außerdem sollte er seinen Kammerdiener heilen. Dadurch wurde Rasputin nicht nur unter Druck gesetzt, er muss sich auch missverstanden gefühlt haben. Dennoch kam er erfolgreich dieser Bitte nach. Wie man sich eine solche Behandlung vorzustellen hat, hat seine Tochter – allerdings bei einem anderen Krankheitsfall – folgendermaßen beschrieben: Er legte den Patienten auf die Bank, kniete sich zu ihm hin, legte dem Kranken „seine linke Hand auf den Nacken, umspannte vorsichtig sein rechtes Handgelenk mit der eigenen Rechten" und bat Gott um seine Genesung.[1] Rasputin war überzeugt von der geistigen Kraft Gottes und von seinem Auftrag, den er durch eine Erscheinung der Jungfrau Maria erhalten haben wollte.[2] Hypnotische Therapien waren damals recht weit verbreitet. So soll der Arzt Nikolai Wladimirowitsch Dahl durch solche Behandlungen dem Komponisten Sergej Rachmaninoff aus seinen Depressionen geholfen haben, indem er ihm suggestiv sein großes Talent bestätigte.[3] Rasputins Suggestivkraft entsprang keiner wissenschaftlich überprüfbaren Heilbehandlung. Und der Forscher Georgij Katkow resümiert klar, dass es bei Rasputin nichts Mysteriöses gab.[4] Der Forscher A. Forel geht sogar noch weiter, indem er das anthropologische Phänomen der Hypnose zu deuten versucht: „Solche Menschen haben immer wieder auf die Schicksale von Völkern eingewirkt, was hauptsächlich durch den hypnotischen Effekt der Vorstellungen auf sexueller und gleichzeitig religiöser Basis erklärt werden kann."[5] Unbestreitbar gibt Rasputins exzentrischer Anspruch, dass es ohne Sünde keine Reue geben kann[6], einen Einblick in seine recht eigenwillige Religionsauffassung.

---

1 Rasputin 1968, 21f.
2 Rasputin 1968, 14f.
3 Passian 2002, 360.
4 Heresch 1995, 126.
5 Heresch 1995,135.
6 Heresch 1995,144.

Rasputin wäre vermutlich aber schnell in Vergessenheit geraten, wenn die verzweifelte und hilflose Sorge der Zarin um ihren Sohn nicht gewesen wäre. Die Behandlung des an Hämophilie erkrankten Zarewitsch bedeutete für Rasputin den Anfangspunkt seines besonderen Vertrauensverhältnisses zur Zarenfamilie. Die erste Begegnung hat Nikolaus II. in seinem Tagebuch festgehalten. Bemerkenswerter ist aber, wie Rasputin selbst diese Begebenheit bewertete und dabei ein genaues Stimmungsbild dieser Aufregung, dieser Sorge um den Thronfolger einfing: „[I]ch war bei hohen Beamten, Offizieren und Fürsten; es kam dazu, dass ich Familienmitglieder der Romanows sah und sogar bei Väterchen Zar war. Überall braucht man Beruhigung und Liebe, und in der Liebe ist Christus; man kann nicht genug Liebe haben und wird damit zum Vermittler Gottes. Und selbst Fürsten hören aus Liebe ihre Wahrheit, denn wo Liebe ist, ist keine Lüge. [...] Man muss sehr vorsichtig und gut vorbereitet sein, nur dann gelingt es, dass durch den eigenen Glauben Gott auf sie einwirkt. ...Wer Gott und dem Zaren dient, hat sich die Gnade verdient...“[1]

Da es gegen die Bluterkrankheit keine Erfolg versprechenden Therapien gab, setzte gerade die Zarin nach einigem Zuspruch die Hoffnung auf Rasputin. In den Augen der Hoffenden half er dem Prinzen auf die ihm eigene Weise, obwohl die Mediziner nicht wirklich einen Erfolg feststellen konnten. Die Episode, die seine Tochter, Maria Rasputin, erzählt, trägt unverkennbar Züge einer biblischen Heilungswundergeschichte: Er segnete das Zimmer und kniete und betete einige Minuten am Bett des kleinen Prinzen. „Nachdem er die Hand auf den blonden Kopf des kleinen Jungen gelegt hatte, der bleich und hohläugig leise wimmerte, mahnte er ihn mit seiner tiefen Stimme: ‚Mein Sohn, schlag die Augen auf und lächle. Du leidest nicht mehr und bist jetzt glücklich‘“. Nachdem Rasputin nach einigem Widerstand ihm dann Wasser zu trinken gab, soll der Junge aufgewacht sein und ihn gebeten haben, ihm Geschichten zu

1 Heresch 1995, 63f.

erzählen.[1] Von da an stand Rasputin im direkten Einflussbereich des Zaren. Nach einer weiteren Episode, die Maria Rasputin erzählt, soll Rasputin sogar die Zarin in ihrer hilflosen Suche nach einer göttlichen Ursache für das tragische Schicksal ihres Sohnes gemäß seiner religiösen Überzeugung unter Druck gesetzt haben: „Er allein straft die Schuldigen. Erinnere dich, Mütterchen. Verzeih siebenundziebzigmal, hat Gott gesagt. Und wenn Du nicht Barmherzigkeit übst… Dein Sohn ist nicht geheilt, Mütterchen, und es besteht ein Grund für Gottes Zorn. Bist du sicher, dass du dir nicht Sein Recht angemaßt oder versucht hast, an seiner Statt Sein Werk zu tun? Er liebt dich, aber es steht geschrieben: ‚Der Herr, Dein Gott, ist ein eifersüchtiger Gott'".[2]

Wegen dieses Einflusses gesellten sich zu den Kirchenfürsten, die dem charismatischen Heiler feindlich gesonnen waren, auch nicht wenige aus dem russischen Hochadel. Allen gemeinsam ist das Unverständnis darüber, dass Rasputin durch das besondere Vertrauensverhältnis besonders zur Zarin eine gewisse Machtstellung genoss. Andererseits brachte ihm dies aus gleichem Grund eine nicht geringe Anhängerschaft ein, zu der auch Adelige gehörten, die dem ungewöhnlichen Mönch ergeben waren. Einflussreiche Geistliche wiederum haben ihn dagegen seit jeher als falschen Priester und sogar als Antichristen betitelt. Für den russischen Adel passte Rasputin schon wegen seines undurchsichtigen Charakters und seiner einfachen Bildung nicht so recht in das aristokratische Leben. Im ständigen Fokus stand Rasputins freundschaftliches Verhältnis zum Zaren, das verständlicherweise als Gefahr für die Zarenmonarchie gesehen wurde. Denn gerade aufgrund von Rasputins Empfehlungen setzte der Zar den Erzabt Illiodor, einen erklärten Gegner Rasputins, als Oberhaupt der russischen Kirche ab und ersetzte ihn durch den einfachen Klosterbruder Barnabas. Als Rasputin sogar den Zaren daran hindern wollte, sich in die Kriegsauseinandersetzungen einzumischen, die

---

1 Rasputin 1968, 79f.

2 Rasputin 1968, 79f.

durch das Attentat auf den Erzherzog Franz-Ferdinand ausgelöst worden waren, überspannte er den Bogen allerdings. Von nun an wurde Rasputin als Staatsfeind betrachtet. Denn die Pflicht, den slawischen Brüdern zu helfen, spiegelte das allgemeine Volksgefühl wider. Von nun an wurden Rasputins Lebensgewohnheiten und Kontakte geheimpolizeilich untersucht. Kontakte zu Spionagenkreisen, politischen Untergruppen oder Revolutionären konnten allerdings nicht festgestellt werden. Vielmehr wurde die unschöne Seite seines Charakters minutiös dokumentiert, zwischen Frauengeschichten, Kirchenbesuchen und Alkoholexzessen:

> *Nicht selten trafen die genannten Personen mit Rasputin auch in der Auferstehungskirche am Jektarinenkanal zusammen, wo sie einer Messe beiwohnten…*
> *Am 10. Januar verließ Rasputin das Haus um sechs Uhr abends im betrunkenen Zustand, ging in die Iwanowskaja Strasse 24, wo er in der Wohnung Nr. 1 nach einer Prostituierten fragte, doch es war keine zu Hause. Danach ging er ins Haus Nr. 14 der Jamskaja ulica zu der Prostituierten, bei der er am Vorabend war, und nach einer Stunde und 40 Minuten kehrte er nach Hause zurück.*

Aron Simanowitsch, sein ehemaliger Sekretär, wunderte sich, dass seine Anhänger sich selten verletzt zeigten, vor allem wenn er „beim Essen mit den Händen Bissen an seine Verehrerinnen" verteilte.[1]

Dem Hochadel wurde der januskǒpfige Geistliche zunehmend zu einem politischen Risiko, doch die Kaiserin hielt wegen der Sicherheit, die er ihr gewährte, ohne Bedenken an ihm fest. Offenbar sah sie keinen Weg, ohne Rasputin der Krankheit ihres Sohnes Herr zu werden. Trotzdem hätte die Fernheilung mit Hilfe der Telegrafie jeden misstrauisch stimmen müssen. Als nämlich die Zarenfamilie auf einem Jagdausflug in Polen war, brach die Krankheit erneut aus. Telegrafisch wandte sich die Kaiserin an Rasputin. Und dieser telegrafierte umgehend zurück: „Gott hat deine Gebete

[1] Simanovic 1928, 40.

erhört Dein Sohn wird leben".[1] Danach soll er auf eine Ikone sich hingekniet und andächtig gebetet haben.

Rasputin genoss die Anerkennung des Zaren, da er der Zarin eine seelische Sicherheit bot. Daher war der Wunsch besonders seiner aristokratischen Gegner, ihn umzubringen, mindestens genauso stark wie die Liebe seiner Anhänger zu ihm. Doch stand Rasputin auch noch im Ruf, Attentate zu überleben. Das erste Attentat, das jedoch nicht vom Adel ausging, überlebte er zwar nur knapp, jedoch ließ es der Volksmund wie ein Wunder erscheinen, dass er diesen Mordanschlag überlebt hatte. Er hätte auch gute Chancen gehabt, den zweiten Mordanschlag zu überleben, wie aus späteren Obduktionsberichten hervorgeht.[2] Eine kleine Gruppe um den Fürsten Felix Jusupow hatte geplant, ihn zu vergiften, doch das Gift zeigte bei Rasputin keine Wirkung. Auch nachdem Jusupow auf ihn geschossen hatte, soll er noch gelebt haben. So wurde er schließlich als Halbtoter in ein Eisloch geworfen und muss dort ertrunken sein.

Es wäre zu einfach, Rasputin als einen Schwindler abzutun. Sicher wird er von seiner Mission, die Kraft Gottes zu vermitteln, überzeugt gewesen sein. Rasputin – mit seiner Eigenwilligkeit, seinem widersprüchlichen Charakter und seiner emphatischen Begabung, ein letzter Halt für die kraftlose Zarin in ihrer Hoffnung auf die Heilung des einzigen Thronfolgers – war am Vorabend des ersten Weltkriegs zum Politikum geworden. Seine Anlagen genügten, um den Sturz des Zaren mit seinem Sturz in Verbindung zu setzen.

---

1 RASPUTIN 1968, 97f.

2 Bergmann 2010, 33.

5. Resümee – Sind Zukunftsvisionen ein überlebtes Phänomen?

Das Bedürfnis, in die Zukunft blicken zu wollen, kreist immer um die zentralen Gegenwartsprobleme einer bestimmten Zeit. Die Propheten und Seher verdanken ihre Existenz den menschlichen Urängsten und dem daraus resultierenden Wunsch nach Orientierung. Stets lauten die Fragen, ob die Welt, in der man sich heimisch fühlt, in der Zukunft eine andere sein wird, ob man etwaige Schicksalsschläge erwarten muss und ob man diese bestehen wird. Den Glauben an die Vorhersehungen zeichnet aus, dass er sich stets zwischen den Polen der Vernunft und dem Aberglauben bewegt.

Nicht ohne Grund haben auch bestimmte Seher und Propheten seit jeher die Geschichte entscheidend mitbestimmt – zum Teil wurden sie wohl nur erfunden, zum Teil erfüllten sie als reale Personen bestimmte Erwartungshaltungen ihrer Mitmenschen. Bei alledem war Gott integraler Bestandteil und die Weissagungskunst erfüllte wohl die Funktion, durch Beobachtung bestimmter Phänomene zum Schutze des Staates oder der Menschen beizutragen und bestimmte Wahrheiten zu begreifen. So haben die griechischen Staaten aus dem gemeinsamen mythischen Geschichtserlebnis heraus den Kontakt zu den Göttern nur an bestimmten Orten gesucht und überließen es bestimmten ausgebildeten Priestern, die Authentizität dieser Zukunftssicht sicherzustellen. Die römische Republik, und später verstärkt das römische Kaiserreich, hat ihren nationalen Kult in ihrem Staatsverständnis irreversibel verankert. In der Vorstellung, von ihren nationalen Schutzgottheiten abzuhängen, wurde der Willen dieser Götter in bestimmten Ritualen ebenfalls von speziellen Weissagekundigen ermessen, vor allem als besondere Legitimationsinstanz der Machthaber, der römischen Kaiser gegenüber dem römischen Volk.[1] Die Weissagetradition wurde sogar in die alttestamentlichen Bücher aufgenommen (Orakelsteine Umin und Thumin, Losorakel), um die Verheißungen eines bestimmten Gottesverständnisses und spezielle Hoffnungserwartungen in die Propheten illustrierend greifbar zu machen. Diese Visionen manifestierten sich dann im Christentum in der frühjüdischen Metapher[2] der Königsherrschaft Gottes in Jesus Christus.

Das Bedürfnis, das Zukünftige wissen zu wollen, ist auch heutigen modernen Gesellschaften nicht fremd. Beachtenswert ist, dass in der jüngeren Geschichte gerade eine Weissagung besonderes politisches Gewicht bekommen hat; denn in dieser steht ungewöhnlicherweise nicht eine bestimmte charismatische Persönlichkeit im Mittelpunkt, sondern die Erscheinungen an sich, die drei Kinder im Jahr 1917 in Fatima erhalten haben. In mehreren Marienerscheinungen haben sie Zukunftsweisungen erhalten.

Es war die Zeit des kalten Krieges und die der begründeten Angst vor einem Atomkrieg. Als die Welt in der sogenannten Kubakrise, in der Russland begann, Raketen in Richtung der Vereinigten Staaten aufzustellen, kurz vor einem Atomkrieg stand, bekam der geheimnisvolle dritte Teil dieser rund fünfzig Jahre alten Marienerscheinung besonderes Gewicht. Während die ersten zwei Zukunftsvisionen, die eine Höllenvision und die Beendigung des ersten Weltkrieges verkünden, blieb bis heute das „dritte Geheimnis" ein Rätsel. Es sollte 1960 veröffentlicht werden, jedoch wurde es zu diesem Zeitpunkt nicht bekannt gemacht. Papst Johannes XXIII. war nicht dafür, dieses dritte Geheimnis zu offenbaren.[3] Dies lud zu verschiedenen Spekulationen ein. Jedoch

---

1 Blösel 2000, 87 u. 89.
2 Dormeyer 1997, 223–228.
3 Verlautbarungen des Apostolischen Stuhls 147, 2000, 7.

verrät schon das erste Geheimnis, das vor allem sehr an die Höllenvorstellungen der Offenbarung sowie an jüdische Vorstellungen des strafenden Gottes erinnert, die Gedankenwelt der drei streng im christlichen Glauben erzogenen Hirtenkinder, Lucia dos Santos, Jacinta und Francisco Marrto. Auch die zweite Weissagung ist von der im Laufe des ersten Weltkriegs begründeten Friedenshoffnung und dem Schreckens über Russlands Entwurzelung des religiösen Gefühls, das im Sturz des Zaren als Oberhaupt der russischen Kirche seinen Anfang nahm, gekennzeichnet. Man suchte offenbar Antworten über die Gründe von Hungersnöten und Verwüstungen, die dieser Krieg mit sich brachte. So liest sich die marianische Mahnung über die Bedrohung durch einen weiteren, noch schlimmeren Krieg nicht unbedingt als eine Vorausdeutung, eher als eine Aufforderung zum Umdenken, zur Umkehr. Das dritte Geheimnis ging aber vielen Leuten nicht mehr aus dem Kopf. Als dann auch die Kirche ab 1930 diese Ereignisse anzuerkennen begannen, schienen bei manchen die Zweifel über deren Echtheit ausgeräumt. Nachdem nun die Apokalypse der Welt im Jahr 1962 bevorstand, wurde der Wunsch einer Bekanntmachung dieses dritten Geheimnisses immer lauter. Und tatsächlich soll Papst Paul VI. eine Version den Diplomaten geschickt haben. Erst am Jahrestag der ersten Marienerscheinung Fatimas, am 13. Mai 1981, als Papst Johannes Paul II. ein Attentat überlebte, bekam abermals das Ereignis von Fatima neues Gewicht. Erst dann wurde es möglich, dieses letzte Geheimnis zu veröffentlichen:

Der dritte Teil des Geheimnisses,
das am 13. Juli 1917
in der Cova da Iria, Fatima, offenbart wurde.[1]

Ich schreibe aus Gehorsam gegenüber Euch, meinem Gott, der es mir aufträgt, durch seine Exzellenz, den Hochwürdigsten Herrn Bischof von Leiria, und durch Eure und meine allerheiligste Mutter. Nach den zwei Teilen, die ich schon dargestellt

[1] Verlautbarungen des Apostolischen Stuhls 147, 2000, 23.

habe, haben wir links von Unserer Lieben Frau etwas oberhalb einen Engel gesehen, der ein Feuerschwert in der linken Hand hielt; es sprühte Funken, und Flammen gingen von ihm aus, als sollten sie die Welt anzünden; doch die Flammen verlöschten, als sie mit dem Glanz in Berührung kamen, den Unsere Liebe Frau von ihrer rechten Hand auf ihn ausströmte: den Engel, der mit der rechten Hand auf die Erde zeigte und mit lauter Stimme rief: Buße, Buße, Buße! Und wir sahen in einem ungeheuren Licht, das Gott ist: ‚etwas, das aussieht wie Personen in einem Spiegel, wenn sie davor vorübergehen' einen in Weiß gekleideten Bischof ‚wir hatten die Ahnung, daß es der Heilige Vater war'. Verschiedene andere Bischöfe, Priester, Ordensmänner und Ordensfrauen einen steilen Berg hinaufsteigen, auf dessen Gipfel sich ein großes Kreuz befand aus rohen Stämmen wie aus Korkeiche mit Rinde. Bevor er dort ankam, ging der Heilige Vater durch eine große Stadt, die halb zerstört war und halb zitternd mit wankendem Schritt, von Schmerz und Sorge gedrückt, betete er für die Seelen der Leichen, denen er auf seinem Weg begegnete. Am Berg angekommen, kniete er zu Füßen des großen Kreuzes nieder. Da wurde er von einer Gruppe von Soldaten getötet, die mit Feuerwaffen und Pfeilen auf ihn schossen. Genauso starben nach und nach die Bischöfe, Priester, Ordensleute und verschiedene weltliche Personen, Männer und Frauen unterschiedlicher Klassen und Positionen. Unter den beiden Armen des Kreuzes waren zwei Engel, ein jeder hatte eine Gießkanne aus Kristall in der Hand. Darin sammelten sie das Blut der Märtyrer auf und tränkten damit die Seelen, die sich Gott näherten.

Der Grundtenor, der in diesem dritten Geheimnis zum Ausdruck kommt, kann als bevorstehender Bedeutungsverlust der Kirche gedeutet werden. Das Überleben des Papstes an diesem bedeutungsschweren Datum gab Anlass, diese Unheil verkündenden Visionen zu Gunsten der Kirche, des Papsttums neu zu deuten: Durch den Schutz Marias hat die Kirche überleben und die zentrale Angst der Gläubigen vor dem Untergang, der Orientierunglosigkeit, überwunden werden können.

Allerdings sind die zentralen Ängste andere geworden. Denn heutzutage sieht sich der Mensch selbst als integralen Bestandteil und Ausgangspunkt seines Zukunftsdeutens und steht in dieser rationalen Verantwortung als alleinige Ursache für diverse individuelle und kollektive Schicksalsschläge. Jedoch kann man Elemente des antiken Erbes der Zukunftsdeutung in den zentralen Gegenwartsproblemen der Bewertung von Naturkatastrophen und wirtschaftlichen Belangen erkennen. Beispielsweise mit den Themen, ob die Klimakatastrophe nun stattfindet oder nicht und welche Ursache sie hat, und ob der Euro bleibt oder abgeschafft werden sollte (vgl. die fast orakelhafte Rezeption der Rankingliste von Moody's oder Standard & Poor), schaffen sich viele heutige Prognostiker und derartige Institute Gehör. Zukunftsdeuter gibt es zu allen Zeiten. Zum Glück hat Gott aber wissentlich „den Ausgang der künftigen Zeit in ungewisse Finsternis umschlossen, und er lacht, wenn der Sterbliche jenseits des Rechts sich ängstigt (Hor. c. 3,29,29–32).

Literatur

Quellen

Aischylos, Tragödien, üb. v. O. Werner, München 1990.

Alkaios, Lieder, gr. u. dt., übers. v. M. Treu, München [2]1963.

Apollonius von Rhodos, Die Fahrt der Argonauten, gr. u. dt, üb. von P. Dräger, Stuttgart 2002.

Apollodoros, The Library (βιβλιοθήκη)., transl. by J. G. Frazer, Cambridge (Mass), 1921 (=The Loeb Classical Library).

Aristoteles, Rhetorik, gr. u. dt, üb. u. hg. v. F. G. Sieveke, München [5]1995.

Aristophanes, Komödien, üb. v. L. Seeger, München 1990.

Cicero, An seine Freunde – epistulae ad familiaris, lat. u. dt., üb. u. hg. v. H. Kasten, Düsseldorf [5]1997 (= Sammlung Tusculum).

Cicero, Von der Weissagung – De divinatione, üb. v. R. Kühner, München 1960.

Cicero, Vom Wesen der Götter, hg. v. A. Heine, Essen o.J.

Cicero, Gespräche in Tusculum – Tusculanae disputationes, üb. v. O. Gigon, Düsseldorf [7]1998 (= Sammlung Tusculum).

Cicero, Sämtliche Reden, Bd. 5, üb. v. M. Fuhrmann, Düsseldorf 2000.

Cassius Dio, Römische Geschichte, Bd. I–V, üb. v. O. Veh, Zürich 1985–1987 (= Bibliothek der Alten Welt).

Clemens von Alexandria, Logos Protreptikos, Nürnberg 1947.

Die Heilige Schrift, Einheitsübersetzung, Freiburg i.Br. [6]1985.

Diodorus Siculus, Library of History, Books III–VIII, transl. C. H. Oldfather, Cambridge (Mass), 1935 (= The Loeb Classical Library).

Dionysius of Halicarnassus, Roman Antiquities, Volume II, Books 3–4, transl. E. Cary, Cambridge (Mass) 1939 (= The Loeb Classical Library).

Euripides, Tragödien, üb. v. H. von Arnim, München 1990.

Heraklit, Fragmente, gr. u. dt., Düsseldorf 172007 (= Sammlung Tusculum).

Herakleides Pontikos, Die Schule des Aristoteles – H.7, hg. v. F. Wehrli, Basel 21969.

Hesiod, Homeric Hymns, Epic Cycle, Homerica, transl. H. G. Evelyn-White, Cambridge (Mass) 1914 (= The Loeb Classical Library).

Hesiod, Fragments, transl. H. G. Evelyn-White: http://www.theoi.com/Text/HesiodMiscellany.html

Hippokrates, Die Werke des Hippokrates, Bd. III, Stuttgart 1995.

Homer, Ilias, üb. v. H. Rupé, München 1990.

Homer, Odysse und homerische Hymnen, üb. v. A. Weiher, München 1990.

Horatius, Opera, edidit S. Borzsák., Leipzig 1984.

Hyginus, The Myth of Hyginus, transl. M. Grant, Kansas 1960.

Josephus Flavius, Der jüdische Krieg und kleinere Schriften, üb. v. Otto Güthling, Wiesbaden 2012.

Josephus Flavius, Jüdische Altertümer, üb. v. H. Clementz, Wiesbaden 2012.

Josephus Flavius, Aus meinem Leben (Vita). Kritische Ausgabe, Ubersetzung und Kommentar von F. Siegert, H. Schreckenberg, M. Vogel, Tübingen 2001.

Julian, Briefe, üb. v. B. K. Weis, München 1973 (= Sammlung Tusculum).

Livius, Ab urbe condita, lat. u. dt., üb. v. J. Feix, H. J. Hillen, 11 Bde., München 1974–1999.

Lycophron, Aratus, Callimachus, Hymn and Epigrams, transl. A. W. Mair u.a., Cambridge (Mass) 1921 (= The Loeb Classical Library).

Macrobius, Saturnalia, Books 1–2, transl. R. A. Kaster, Cambridge (Mass) 2011 (= The Loeb Classical Library).

Ovid, Metamorphosen, lat. u. dt., üb. v. M. v. Albrecht, Stuttgart 1994.

Pausanias, Reisen in Griechenland, Gesamtausgabe in drei Bänden, üb. v. E. Meyer, Düsseldorf 2001.

Philon von Alexandrien, De vita Mosis – Über das Leben Mosis, Bd. 1, üb. v. L Cohn, Breslau 1909.

Pindar, Siegeslieder. gr. u. dt., üb. v. D. Bremer, Düsseldorf 2003.

Plautus, Truculentus., üb. v. W. Hoffmann, Darmstadt 2001.

Platon, Werke in acht Bänden, gr.-dt., Darmstadt [4]2005.

Plutarch, Große Griechen und Römer, Bd. I–VI, üb. v. K. Ziegler, 1954–1965 (= Bibliothek der Alten Welt).

Plutarch, Moralia, Bd. 1–2, Wiesbaden 2012.

Servius, Kommentar zu Vergil, Aeneis, St. Gallen 861.

Sophokles, Tragödien, üb. v. W. Willige, München 1990.

Strabo, Geographika, üb. v. A. Forbiger, Wiesbaden 2005.

Sueton, Die Kaiserviten – De Vita Caesarum, üb. v. H. Martinet, Düsseldorf 1997.

Tacitus, Annalen I–VI, üb. v. W. Sontheimer, Stuttgart 1964.

Tacitus, Germania, üb. v. M. Fuhrmann, Stuttgart 1971.

Tacitus, Historien, üb. v. H. Vretska, Stuttgart 1984.

Valerius Maximus, Facta et dicta memorabilia – Denkwürdige Taten und Worte, lat. u. dt., üb. v. U. Blank-Sangmeister, Stuttgart 1991

P. Vergilius Maro, Aeneis, hg. u. üb. v. G. Fink, Düsseldorf 2005.

Mittelalterliche und Neuzeitliche Quellen

Bayle, P., Verschiedene Gedanken über einen Kometen, Hamburg 1741.

Bingen, H. von, Heilkunde (Causae et curae), üb. v. H. Schipperges, Salzburg 1957.

Bingen, H. von, Der Mensch in der Verantwortung, Salzburg [3]1972.

Bingen, H. von, Wisse die Wege. Scivias, Salzburg 1954 ([7]1981).

Deutsche Bischofskonferenz, Verlautbarungen des Apostolischen Stuhls, Kongregation für die Glaubenslehre. Die Botschaft von Fatima, 13. Mai 2000.

Holzhauser, B., Geheime Visionen, Bamberg 1795.

Kant, I, Träume eines Geistersehers und andere vorkritische Schriften, Köln 1995.

Litterae Apostolicae 2012: http://www.vatican.va/holy_father/benedict_xvi/apost_letters/documents/hf_ben-xvi_apl_20121007_ildegarda-bingen_lt.html (3.08.2012).

Montaigne, M. de, Essais I, Zürich 1992 (Leipzig 1713/14).

Nettesheim, H. C. A. von, Die Magischen Werke, Wiesbaden 2012.

Nettesheim, H. C. A. von, Ungewissheit und Eitelkeit aller Künste und Wissenschaften, Köln 1713.

Pizan (Pisan), C. de, Ditié de Jehanne d'Arc: http://montaiguvendee.fr/cms/uploads/pdf/Bibliotheque/Moyen%20Age/Dit%20de%20Jeanne.pdf (03.08.2012).

Roesch, E., Die erstaunlichen Bücher des großen Arztes, Sehers und Schicksalspropheten, Stuttgart 1850.

San-Marte, Die Sagen von Merlin, Halle 1853.

Swedenborg, E., Himmel und Hölle, hg. v. H.-J. Hube, Wiesbaden [2]2012.

Tafel, J. F. J., Sammlung von Urkunden betreffend das Leben und den Charakter Emanuel Swedenborg's, Tübingen 1839.

Inschriften, Fragment- und Textsammlungen

1. Corpus Inscriptionum Latinarum; consilio et aucoritate Academiae Litterarum (Regiae) Borussicae editum, Leipzig-Berlin 1862–1943 (= CIL).
2. Inscriptiones Graecae, consilio et auctoritate Academiae Litterarum (Regiae) Borussciae editum, Ed maior: vol. I-V.XII, Berlin 1873–1939. Ed minor: ebd., 1913ff. (= IG).
3. Orientis Graeci Inscriptiones Selectae, Bd. 2, hg. v. W. Dittenberger, Hildesheim 1960 (= OGIS).
4. Anthologia lyrica Graeca, 2 Bde., hg. v. E. Diehl, in 6 Faszikeln, Leipzig ²1934–1942 (=ALG).
5. Die Fragemente der griechischen Historiker, Bd. I–III C2, hg. v. F. Jacoby, Berlin-Leiden 1923–1958 (= FGrHist).
6. Fragementa Historicorum Graecorum, 5 Bde., hg. v. C. u. Th. Müller, Paris 1841–1870.
7. Thesaurus Linguae Graecae, CD-Rom E, hg. v. M. C. Pantella u.a., Universität Kalfornien 1999.

Denzinger, H., Kompendium der Glaubensbekenntnisse und kirchlichen Lehrentscheidungen, hg. v. P. Hünermann, Freiburg i.Br. ²¹2001.

Barret, C.K.-Thornton, C.-J., Texte zur Umwelt des Neuen Testaments, Tübingen 1991.

Sekundärliteratur

Abend, B., Provence – Cote d' Azur. Baedeker Allianz Reiseführer, Ostfildern ¹³2011.

Allgeier, K., Nostradamus und andere Propheten, 1999.

Angerer, A., Das steht der Welt noch bevor, St. Andrä ²2001.

Baumgartner, W., Daniel, in: Die Religion in Geschichte und Gegenwart (RGG3), Bd. 2, ²2004, 26.

Benz, E., Swedenborg – Biographie, o.J.: http://www.offenbarung-cd.info/Emanuel%20Swedenborg/Swedenborg%20-%20Biographie.pdf (20.05.2012).

Bergmann, Th., Rasputin. Dämon, Heiler oder Magier?, Krombach 2010

Bleicken, J., Die Verfassung der römischen Republik, Paderborn ²1978.

Blösel, W., Die Geschichte des Begriffes mos maiorum von den Anfängen bis Cicero, in: Mos maiorum, hg. v. B. Linke u.a., Tübingen 2000, 25–97.

Büsching, A. F., Neue Erdbeschreibung. Vierther Theil, welcher das Königreich Frankreich und dessen einverleibte Länder enthält, Schaffhausen 1769.

Clark, W., Der Untergang der Astrologie in der deutschen Barockzeit, in: Im Zeichen der Kirche. Religiosität im Europa des 17. Jahrhunderts, hrsg. v. H: Lehmann, A.–C. Trepp, Göttingen 1999.

Cohn, N., Apokalyptiker und Propheten im Mittelalter, Erftstadt 2007.

Denzler, G. u.a., Wörterbuch Kirchengeschichte, Wiesbaden 2004.

Dimde, M., Nostradamus – Die dritte Prophezeiung: Seine Weissagungen für die Weltschicksalsjahre 2011–2014, München 2011.

Dormeyer, D.; Hauser, L., Weltuntergang und Gottesherrschaft, Mainz 1990.

Ders., König(in), Königtum, Reich Gottes, in: Münchner theologisches Wörterbuch zum Neuen Testament, hg. v. J. Hainz u.a., Düsseldorf 1997, 223–228.

Ders., Das Lukasevangelium. Neu übersetzt und kommentiert, Stuttgart 2011.

Eckermann, K., Melampus und sein Geschlecht – ein Cyclus mythologischer Untersuchungen, Göttingen 1840.

Ernst, E. R., Nostradamus. Vom Mythos zur Wahrheit, Wien 1986.

Fassl, P., Die Wiedererrichtung der Klöster in Bayerisch Schwaben, hg. v. W. Schiedermair, Lindenburg 22008, 199–203.

Fichte, J. G., Reden an die deutsche Nation, Berlin 1808.

Figl, J., Handbuch der Religionswissenschaft, Innsbruck 2003.

Fraiou, D. A., Joan of Arc: The Early Debate, Woodbridge 2000.

Frenschkowski, M., Vision, in: Theologosche Realenzyklopädie (TRE), Bd. 35, Berlin 2003, 117–147.

Gaduel, J. P. L., Leben des ehrwürdigen Dieners Gottes Bartholomäus Holzhauser, Mainz 1862.

Galileo (TV Magazin Pro 7) 2005: http://www.presseportal.de/pm/25171/667163/duestere-prophezeiung-aus-dem-16-jahrhundert-ist-der-naechste-papst-der-vorletzte-wird-kardinal (4.6.2012).

Guinard: Le pseudo-traité de la peste de 1559: http://cura.free.fr/dico5ct/609Bext59.html (6.6. 2012).

Giessen, H., Johannes (Seher), in: Personenlexikon zum Neuen Testament, hg. v. J. Hainz u.a., Düsseldorf 2004, 135–137.

Gottlieb, G., Christentum und Kirche in den ersten Jahrhunderten, Heidelberg 1991.

Hartmann, E. von, Philosophie des Unbewußten, Leipzig 1890.

Herder, J. G., Ideen zur Philosophie der Geschichte der Menschheit, Stuttgart 1820.

Heresch, E., Rasputin. Das Geheimnis seiner Macht, München 1995.

Herzog, J. J., Zauberei, in: Real-Encyklopädie für protestantische Theologie und Kirche, Bd. 18, Gotha 1864, 390–400.

Holzbach, E., Der medizinische Aspekt im Prozeß der Jeanne d'Arc, in: Nissen, G., Badura, F. (Hrsg.): Schriftenreihe der Dt. Gesellsch. für Geschichte der Nervenheilkunde, Bd. 5, Würzburg 1999, 51–59.

Ders., Sexuelle Themen im medizinischen Lehrbuch der Hl. Hildegard von Bingen, in: Nissen, G., Badura, F. (Hrsg.): Schriftenreihe der Dt. Gesellsch. für Geschichte der Nervenheilkunde, Bd. 6, Würzburg 2000, 177–184.

Holzbach, M., Plutarch: Galba-Otho und die Apostelgeschichte – ein Gattungsvergleich, Berlin 2006.

Jahn, R. G., Der Römisch-Germanische Krieg, Bonn 2001.

Kern, O., Die Religion der Griechen, 2: Die Hochblüte bis zum Ausgange des fünften Jahrhundert, Berlin 1963.

Krumeich, G., Jeanne D'Arc. Die Geschichte der Jungfrau von Orleans, München 2006.

Laszlo, R., Arthur, Dux Bellorum Brittanniae, Marburg 1996.

Lea, H. C., Geschichte der Inquisition im Mittelalter, Bd. 1–3, Frankfurt a.M. 1997.

Lechner, W., Die heilige Qual, in: Die Zeit magazin Nr. 21 vom 16. Mai 1997, 8–16.

Leuze, R., Christentum und Islam, Tübingen 1994.

Loerzer, S., Visionen und Prophezeiungen, Augsburg 1989.

Lukosky, D., Attentate auf Rasputin – Ursachen und Folgen, Norderstedt 2007.

Metzler, D., Der Seher Mopsos auf den Münzen der Stadt Mallos, in: Kernos 3 (1990), 235–250.

Norda, G., Hildegard von Bingen. Bedeutung und Zusammenhang von Vision und Krankheit im Leben der heiligen Äbtissin, Norderstedt 2007.

Passian, R., Licht und Schatten der Esoterik, St. Goar 2002.

Prieur, A., Die Verkündigung der Gottesherrschaft, Tübingen 1996.

PROBST, E., Hildegard von Bingen – Die deutsche Prophetin, München 2010.

PÖTSCHER, W., Prophetes, in: Der kleine Pauly, Bd. 4, München 1979, 1183–1184.

RASPUTIN, M., Mein Vater Rasputin, Stuttgart 1968.

ROHDE, E., Psyche. Seelenkult und Unsterblichkeitsglaube der Griechen, Leipzig o.J.

ROLLER, T., Das Rätsel um die verschollene Bundeslade, in: Entscheidung 1/2012. (http://www.morija.de/archiv/html/ent1201-raetsel-um-bundeslade.html).

ROTTA, H. u.a., Untersuchungen am Orakel von Delphi, in: Naturwissenschaftliche Rundschau 2007 60(2), 87.

SCHMISING, A., Lebensbeschreibung des ehrwürdigen Dieners Gottes Bartholomäus Holzhauser, Bd.1, Augsburg 1813.

SCHMITT, W., Vision, Halluzination und Melancholie. Historische und aktuelle Perspektiven, in: Traum und Vision in der Vormoderne. Traditionen, Diskussionen, Perspektiven, Berlin 2012, 219–234.

SCHRÖDER, S., Plutarchs Schrift „De Pythiae oraculis", Stuttgart 1990.

SCHWAB, G., Die schönsten Sagen des klassischen Altertums, München 1978.

SCHWARTZ, F. L. W., Der Ursprung der Mythologie. Dargelegt an griechischer und deutscher Sage, Berlin 1860.

SEECK, O., Geschichte des Untergang der Antiken Welt, Bd. 3, Darmstadt 2000 (Stuttgart ^{4}1921).

SIMANOVIC, A., Rasputin der allmächtige Bauer, Berlin 1928.

STERN (Zeitschrift) Ausgabe vom 4. April 2005, Johannes Paul II. – Gläubige nehmen Abschied vom Papst (http://www.presseportal.de/pm/25171/667163/duestere-prophezeiung-aus-dem-16-jahrhundert-ist-der-naechste-papst-der-vorletzte-wird-kardinal (4.6.2012).

Troll, H., Die Papstweissagungen des heiligen Malachias. ein Beitrag zur Lösung ihres Geheimnisses, Aschaffenburg 1982.

Troyat, H., Rasputin-eine Biographie, Düsseldorf 2002.

Truelle, J. N., Das Buch der Wahr- und Weissagungen, 2 Bde., Regensburg 1850.

Walde, C., Antike Traumdeutung und moderne Traumforschung, Düsseldorf 2001.

Werfer, A., Lebensgeschichte des Bartholomäus Holzhauser, Weltpriester, Schaffhausen 1853.

Abkürzungen

Abkürzungen biblischer Bücher nach den Loccumer Richtlinien

Altes Testament

Gen	Genesis (1. Bucb Mose)	Spr	Das Buch der Sprichwörter (Die Sprüche Salomos)
Ex	Exodus (2. Buch Mose)	Koh	Das Buch Kohelet (Der Prediger Salomo)
Lev	Levitikus (3. Buch Mose)	Hld	Das Hohelied (Das Hohelied Salomos)
Num	Numeri (4. Buch Mose)	Weish	Das Buch der Weisheit (Die Weisheit Salomos)
Dtn	Deuteronomium (5. Buch Mose)	Sir	Das Buch Jesus Sirach
Jos	Das Buch Josua	Jes	Das Buch Jesaja
Ri	Das Buch der Richter	Jer	Das Buch Jeremia
Rut	Das Buch Rut	Klgl	Die Klagelieder des Jeremia
1 Sam	Das 1. Buch Samuel	Bar	Das Buch Baruch
2 Sam	Das 2. Buch Samuel	Ez	Das Buch Ezechiel (Hes = Das Buch Hese-kiel)
1 Kön	Das 1. Buch der Könige	Dan	Das Buch Daniel
2 Kön	Das 2. Buch der Könige	Hos	Das Buch Hosea
1 Chr	Das 1. Buch der Chronik	Joel	Das Buch Joel
2 Chr	Das 2. Buch der Chronik	Am	Das Buch Amos
Esra	Das Buch der Esra	Obd	Das Buch Obadja
Neh	Das Buch Nehemias	Jona	Das Buch Jona
Tob	Das Buch Tobit (Das Buch Tobias)	Mi	Das Buch Micha
Jdt	Das Buch Judit	Nah	Das Buch Nahum
Est	Das Buch Ester	Hab	Das Buch Habakuk

1 Makk	Das 1. Buch der Makkabäer	Zef	Das Buch Zefania
2 Makk	Das 2. Buch der Makkabäer	Hag	Das Buch Haggai
Ijob	Das Buch Ijob (Hiob)	Sach	Das Buch Sacharja
Ps	Die Psalmen	Mal	Das Buch Maleachi

Neues Testament

Mt	Matthäusevangelium	1 Tim	1. Timotheusbrief
Mk	Markusevangelium	2 Tim	2. Timotheusbrief
Lk	Lukasevangelium	Tit	Titusbrief
Joh	Johannesevangelium	Phlm	Philemonbrief
Apg	Apostelgeschichte	Hebr	Hebräerbrief
Röm	Römerbrief	Jak	Jakobusbrief
1 Kor	1. Korintherbrief	1 Petr	1. Petrusbrief
2 Kor	2. Korintrherbrief	2 Petr	2. Petrusbrief
Gal	Galaterbrief	1 Joh	1. Johannesbrief
Eph	Epheserbrief	2 Joh	2. Johannesbrief
Phil	Philipperbrief	3 Joh	3. Johannesbrief
Kol	Kolosserbrief	Jud	Judasbrief
1 Thess	1. Thessalonicherbrief	Offb	Offenbarung des Johannes
2 Thess	2. Thessalonicherbrief		

Abkürzungen griechischer und lateinischer Autoren

Aischylos	Aischyl.
Agamemnon	Ag.
Persai	Pers.
Apollonios Rhodios	Apoll. Rhod.

Apollodoros *βιβλιοθήκη*	Apollod.
Aristophanes	Aristoph.
Aves	Av.
Equites	Equ.
Pax	Pax
Aristoteles	Aristot.
rhetorica	rhet.
Cassius Dio	Cass. Dio
Cicero	Cic.
de natura deorum	nat.
de divinatione	div.
Tusculanae disputationes	Tusc.
epistulae ad familiares	fam.
de haruspicum responso	har.
Clemens von Alexandria	Clem. Al.
protreptikos	protr.
Diodoros Siculus	Diod.
Dionysios Halikarnasseus	Dion. Hal.
Euripdes	Eur.
Ion	Ion
Heraklit	Herakl.
Fragmenta	frg.

Herakleides Pontikos	Herkl. Pont.
Fragmenta	fr.
Hesiod	Hes.
Fragmenta	frg.
theogonia	theog.
Homer	Hom.
Odyssee	Od.
Ilias	Il.
Horatius	Hor.
carmina	c.
Hyginus Mythographus	Hyg.
Fabulae	fab.
Iosephus (Josephus Flavius)	Ios.
bellum Iudaicum	bell. Iud.
de sua vita	Vita
antiquitates Iudaicae	ant. iud
Julian (Kaiser)	Iul.
epistulae	epist.
Livius	Liv.
Lykophron	Lykophr
Alexandra	Alex.
Macrobius	Macr.
Saturnalia	Sat.

OVIDIUS	Ovid
metamorphoses	met.
PAUSANIAS	Paus.
PHEREKYDES VON ATHEN	Pherek.
PHILON VON ALEXANDRIA	Phil.
De vita Mosis	Mos.
PINDAR	Pin.
Isthmien	I.
Pythien	P.
PLAUTUS	Plaut.
Truculentus	Truc.
PLATON	Plat.
Charmides	Charm.
Theages	Thg.
apol.	apologia
PLUTARCH	Plut.
Aemilius	Aem.
Alexander	Alex.
Caesar	Caes.
Cicero	Cic.
Demosthenes	Dst.
Galba	Galba
Kimon	Ki.
Lysandros	Lys.
Moralia	mor.

Servius	Serv.
commentarius in Vergilii Aeneida	Aen.
Sophokles	Soph.
Antigone	Ant.
Oidipus Tyrannos	Oid. T.
Philoktetes	Phil.
Strabon	Strab.
Geographica	Geogr.
Sueton	Suet.
Augustus	Aug.
Nero	Nero
Tacitus	Tac.
annales	ann.
Germania	Germ.
historiae	hist.
Valerius Maximus	Val. Max.
Vergil	Verg.
Aeneis	Aen.

Sonstige Abkürzungen

Corpus Inscriptionum Latinarum	CIL
Einheitsübersetzung	EÜ